班组长能力提升系列题库

班组长
生产管理能力题库

中华全国总工会劳动和经济工作部　技能强国-全国产业工人学习社区◎编

中国工人出版社

图书在版编目（CIP）数据

班组长生产管理能力题库 / 中华全国总工会劳动和经济工作部，技能强国-全国产业工人学习社区编. —北京：中国工人出版社，2024.4
ISBN 978-7-5008-8447-7

Ⅰ.①班… Ⅱ.①中… ②技… Ⅲ.①班组管理—生产管理—习题集
Ⅳ.①F406.6-44

中国国家版本馆CIP数据核字（2024）第072446号

班组长生产管理能力题库

出 版 人 董 宽
责任编辑 丁洋洋
责任校对 张 彦
责任印制 栾征宇
出版发行 中国工人出版社
地　　址 北京市东城区鼓楼外大街45号 邮编：100120
网　　址 http://www.wp-china.com
电　　话 （010）62005043（总编室）
（010）62005039（印制管理中心）
（010）62379038（职工教育编辑室）
发行热线 （010）82029051 62383056
经　　销 各地书店
印　　刷 天津中印联印务有限公司
开　　本 880毫米×1230毫米 1/32
印　　张 8.625
字　　数 160千字
版　　次 2024年4月第1版 2024年4月第1次印刷
定　　价 22.00元

目 录
CONTENTS

单项选择题

1. 开展全面质量管理的基本要求可以概括为（　）。

A.“五多五少”　　B.“三多三少”

C.“三全一少”　　D.“三全一多”

2. 下列有关“鱼骨图”的表述，正确的是（　）。

A.“鱼骨图”也称作“石川图”，是日本管理大师石川馨先生在1960年提出的

B.“鱼骨图”是一种透过现象看本质的分析方法

C.“鱼骨图”在绘图时应保证大骨及主骨呈30度夹角，中骨及主骨平行

D.“鱼骨图”是一种把握诱因及其他干扰因素的有效方法

3. 某日总计划生产时间为8小时，计划某设备开动时间为7.5小时，因故障，设备实际开动时间为6小时。则该设备当天的开动率为（　）。

A. 0.85　　B. 0.8

C. 0.7　　D. 0.75

4. 排列图又称柏拉图，是以不同区分标准对收集的数据加以整理、分类，计算出各分类项目所占的比例而按照大小顺序排列，再加上累积值的图形。排列图共有（　）个轴。

A. 2　　B. 3

C. 1　　D. 4

5. 班组生产管理应满足下列选项中的（　）项要求。选项：1. 连

续性；2. 平行性；3. 协调性；4. 均衡性；5. 经济性；6. 计划性；7. 时效性；8. 文明性；9. 安全性

A. 1、2、3、4、5　　B. 2、3、6、7、8、9

C. 1、3、5、7、8　　D. 4、5、6、7、8、9

6. 合理的生产组织，其生产过程应满足下列选项中的（　）项要求。选项：1. 连续性；2. 平行性；3. 协调性；4. 均衡性；5. 经济性；6. 计划性；7. 时效性；8. 文明性；9. 安全性

A. 1、2、3、4、5　　B. 2、3、6、7、8、9

C. 1、3、5、7、8　　D. 4、5、6、7、8、9

7. 多元分析中，进行失效模式分析与多变量分析时需要进一步把可能的原因收窄到（　）因子。

A. 3 到 6 个　　B. 8 到 10 个

C. 10 到 15 个　　D. 4 到 8 个

8. 菲根鲍姆在（　）年首次提出全面质量管理的概念。

A. 1945　　B. 1956

C. 1961　　D. 1967

9. 我国 QC 小组从（　）年开始推行全面质量管理和开展 QC 小组活动。

A. 1965 年　　B. 1976 年

C. 1978 年　　D. 1986 年

10. 我国质量领域的第一部法律《产品质量法》是于（　）年 9

月 1 日起施行的。

A. 1993　　B. 1995

C. 1998　　D. 2000

11. 标准作业最好由（　）组成团队进行时间测定工作。

A. 1 人　　B. 4～5 人

C. 2～3 人　　D. 6～7 人

12. 某流水线一天的有效工作时间为 460 分钟，要求的产量为 230 件，则节拍为（　）。

A. 2 件 / 分钟　　B. 0.5 件 / 分钟

C. 2 分钟 / 件　　D. 0.5 分钟 / 件

13.《产品质量法》规定，因产品存在缺陷造成损害要求赔偿的诉讼时效期间为（　）年。

A. 1　　B. 2

C. 3　　D. 4

14. 一次重大的停机事故来源于（　）个中缺陷，来源于 300 个微缺陷。

A. 29　　B. 30

C. 31　　D. 40

15. 海因里希法则是指 300 个微小缺陷就能造成（　）个小故障和一个大故障。

A. 27　　B. 28

C. 33　　D. 29

16. 防呆防错的水平，从低到高排列正确的是（　）。①纠正；②通用化；③提示；④拒绝；⑤警告。

A. ②①④③⑤　　B. ①②③④⑤

C. ③④⑤①②　　D. ③⑤④①②

17. 产品工时目标为 5.0 小时 / 台，日生产台数为 200 台 / 单班，日出勤时间为 8 小时 / 日，请问该班需要（　）作业人员。（出勤率按 97%来计算）

A. 129 名　　B. 128 名

C. 358 名　　D. 357 名

18. 为便于自主地开展现场改善活动，QC 小组人数一般以（　）人为宜。

A. 2~5 人　　B. 2~10 人

C. 3~5 人　　D. 3~10 人

19. 树图的终点有（　）。

A. 1 个　　B. 2 个

C. 3 个　　D. 多个

20. 故障零化阶段对策顺序是（　）。①延长固有寿命；②减少故障间隔的散布；③预知寿命；④定期复原劣化

A. ②①④③　　B. ①②③④

C. ④①②③　　D. ②①③④

21. 运用六西格玛管理方法实施改进项目时，展开步骤的顺序应当是（ ）。①制定改进方案；②从众多影响因子中筛选关键因子；③识别出可能的影响因子；④界定项目范围；⑤制定控制计划

A. ④③②①⑤　　B. ①②③④⑤

C. ④③①②⑤　　D. ④①③⑤②

22. 班组制订现场作业计划时采用（ ）的思考方法。

A. 人员定额法　　B. 编成优化法

C. 5W1H　　D. WHYWH 分析法

23. 腰部弯曲的合理工作范围是（ ）。

A. 0°~20°　　B. 20°~60°

C. 60°~90°　　D. 大于 60°

24. 下列关于 5S 的说法，错误的是（ ）。

A. 5S 强调地 / 物明朗化，人规范化

B. 5S 是一份额外附加的工作

C. 5S 是品质的保证

D. 5S 活动可以发现与挖掘问题

25. 假设未来生产的必要数量是 100 个 / 天，8 小时 / 天，现在的做法是 10 人完成 100 个，下列做法可以真正提升效率的是（ ）。

A. 10 人完成 110 个　　B. 9 人完成 100 个

C. 9 人完成 110 个　　D. 10 人 6 小时完成 100 个

26. PDCA 循环的含义是将质量管理分为四个阶段，(　) 不属于四个阶段。

A. Plan（计划）　　B. Do（执行）

C. Action（处理）　　D. Circle（循环）

27. PDCA 循环中最关键的步骤是（　）。

A. P　　B. D

C. C　　D. A

28. 八步法中确认过程与结果对应 PDCA 循环的（　）环节。

A. P　　B. D

C. C　　D. A

29. 八步法中研究对策对应 PDCA 循环的（　）环节。

A. P　　B. D

C. C　　D. A

30. QC 小组活动的前四个步骤：a. 现状调查；b. 分析原因；c. 选择课题；d. 设定目标。活动开展的步骤排序正确的是（　）。

A. acdb　　B. cdab

C. cadb　　D. acbd

31. 对质量改进的成果进行总结，并进一步标准化是 PDCA 循环的（　）阶段工作。

A. P　　B. D

C. C　　D. A

32. 下列有关 PDCA 循环的表述，不正确的是（　）。

A. P 是“做计划”

B. D 是“执行”，即按计划执行

C. C 是“检查”，即跟踪措施的实施情况，检查问题是否重复发生

D. A 是“分析”，即对检查出的问题进行深度分析

33. 六西格玛改进的五个阶段 D、M、A、I、C 中的 D 表示（　）。

A. Do 实施　　B. Design 设计

C. Define 界定　　D. Defect 缺陷

34. ISO 9000 族的核心标准是（　）。

A. ISO 9000　　B. ISO 9001 和 ISO 9004

C. ISO 19011　　D. 以上都是

35. 通过下列标准编号可以判断，（　）是国家标准。

A. GB289382　　B. TJ3479

C. JBJ2291

36. 质量是企业的生命，同样也是（　）的保证，两者密切相关。

A. 产品　　B. 煤矿

C. 安全　　D. 生产

37. 质量管理工作应严格执行（　），并持续改进，使产品质量始终处于受控状态。

A. 作业程序　　B. 工艺标准

C. 安全卡控措施　　D. 以上都是

38. 可以防止缺货、提高服务水平的库存，称为（　）。

A. 运输库存　　B. 周转库存

C. 安全库存　　D. 预期库存

39. 实现生产过程同步化的基础是（　）。

A. 大量生产　　B. 批量生产

C. 安全生产　　D. 均衡生产

40. 引发安全事故的因素不包括（　）。

A. 人的不安全行为　　B. 环境的不安全条件

C. 安全制度的不健全　　D. 物的不安全状态

41. PDCA 循环四个阶段，其中“D”阶段包含的一个步骤是（　）。

A. 现状调查　　B. 确定主要原因

C. 按对策实施　　D. 制订巩固措施

42. 各生产车间严格“三按”生产，（　）不是“三按”的内容。

A. 按图纸　　B. 按工艺

C. 按技术标准　　D. 按会议纪要

43. 现场操作者遵守工艺纪律需要做到“三按”，不属于“三按”的是（　）。

A. 按设计图样　　B. 按工艺文件

C. 按技术标准　　D. 按工作程序

44. 以下描述不正确的是（　　）。

A. 在生产现场，作业指导书在工作场所易得到，并起到指导作用

B. 对于作业指导书不正确的地方，生产现场操作人员可以随意进行涂改、画改

C. 按照国家计量法规和企业实际使用的重要程度，测量设备分为 A 类、B 类、C 类、特殊类、辅助类进行管理

D. 测量系统包括测量项目、测量人员、测量仪器、测量方法以及测量的环境条件

45. 在 ECRS 原则中，属于合并的有（　　）。

A. 取消所有多余的步骤和动作

B. 重新排列工序流程，使程序优化

C. 把几道分散的工序合并成为一道工序

D. 重新安排作业分工，使作业量均衡

46. QC 小组活动过程中对现状进行把握的目的是（　　）。

A. 发现问题　　B. 查找问题的原因

C. 把问题具体化　　D. 把问题目视化

47.（　　）是出人才的摇篮。

A. 现场　　B. 生产现场

C. 班组　　D. 车间

48.（　　）是提高企业经济效益的基础工作。

A. 班组生产管理　　B. 班组成本管理

C. 班组安全管理

49. 以下对班组管理在企业经营管理中的地位与作用描述错误的是（　）。

A. 企业的最高方针和目标都要通过班组管理得到最终实现

B. 班组管理都是企业管理的基础，是企业生产和经营的基本环节

C. 班组集生产要素于一身（包括人、机、料、法、环），是影响企业生产、制造和经营效率的重要环节

D. 班组管理因为是基层管理，所以对企业最高方针和目标的实现影响不大

50.（　）是由小组成员按照 PDCA 循环、围绕选定课题开展质量改进的课题活动。

A. 星级班组评价　　B. QC 小组

C. 班组质量管理　　D. 班组生产管理

51. 整顿就是将必需品实施定置管理，消除（　）上的浪费。

A. 时间　　B. 空间

C. 搬运　　D. 动作

52. 质量管理体系需要（　）。

A. 长期稳定　　B. 固定不变

C. 保持一致　　D. 持续改进

53. 用直方图法对工程质量进行统计分析时，通过对直方图（　）的观察分析，可以判断生产过程是否正常。

A. 位置　　B. 形状

C. 比例　　D. 大小

54. 如果餐厅的食物不干净、酒店的被褥毛巾没有经过消毒杀菌，那么顾客就会抱怨，这是质量特性中（　）。

A. 安全特性　　B. 一元特性

C. 必须特性　　D. 魅力特性

55. 实施（　）管理就是要防患于未然。

A. 及时纠正失误　　B. 流出防止

C. 变化点　　D. 未来

56. 定置管理以物在场所的科学定置为前提，以完整的（　）为媒介，实现人和物的有效结合。

A. 看板系统　　B. 布局系统

C. 标识系统　　D. 标牌系统

57. 班组（　）制度主要包括作业标准、现场作业控制办法、管理标准等。

A. 现场管理　　B. 作业管理

C. 标准管理　　D. 生产管理

58. 在全面质量管理的基础工作中，可以帮助组织建立基本秩序和准则的是（　）工作。

A. 质量责任制　　B. 计量改进

C. 标准化　　D. 质量信息

59. 对工作、环境不断优化，消除各种浪费的活动就是（　）。

A. 改善　　B. TPS

C. 标准作业　　D. 自主维修

60. 利用（　）把人的动作和机械的动作相组合，明确在节拍时间内所担当的作业范围。

A. 工序能力表　　B. 标准作业组合票

C. 标准作业票

61. 描述工序内布局、物流及搬运、作业动作顺序合理性是标准作业中（　）所具有的用途。

A. 工序能力表　　B. 标准作业组合票

C. 标准作业票

62. 以节拍时间为基准，反映人工作业和设备作业的结合关系的工具是（　）。

A. 标准作业　　B. 标准作业组合票

C. 标准作业票　　D. 工序能力票

63. 计算一个工作单元里相关的每台机器的产量，以确定整个单元的真正产量，可以清楚地反映该生产线中拖后腿的机械、手工作业的所在，并为改善提供方向，是标准作业中（　）具有的用途。

A. 工序能力表　　B. 标准作业组合票

C. 标准作业票

64. 能明确表示操作者各作业步骤时间长短的文件是（　　）。

A. 标准作业组合票　　B. 标准作业票

C. 标准作业要领书　　D. 以上都不是

65. 改善活动能增加表现（　　）的机会。

A. 团队　　B. 自我

C. 别人　　D. 以上都不是

66. 问题可视化的作用是：将问题用（　　）的方式显现，与成员之间共享，可以促进新问题的发现。

A. 白板　　B. 一目了然

C. 玻璃窗　　D. 黑板

67. 降低工时的改善，应该首先从消除（　　）入手。

A. 明显的、可以马上杜绝的无效劳动和浪费

B. 随意找到问题就可以入手

C. 不得不做的、不创造价值的作业

D. 创造价值的纯作业时间

68. 产品质量特性的寿命是指产品使用的（　　）。

A. 时间　　B. 总时间

C. 不定时间

69. 造成内部人员、设备等资源的浪费以及外部客户的不满和抱

怨的主要是（ ）。

A. 加工　　B. 搬运

C. 不合格品　　D. 以上都不是

70. 生产现场大多数对象物与人处于（ ）的状态。实行定置管理，必须使对象物与人最快实现（ ），信息媒介必须实行标准化管理。

A. 直接结合、间接结合　　B. 间接结合、直接结合

C. 不结合、间接结合　　D. 不结合、直接结合

71. 精益思想认可可通过彻底消除（ ）来确立高质量、高收益体制。

A. 超负荷的人员或设备　　B. 浪费

C. 不均衡　　D. 以上都是

72. “没有规矩，不成方圆”。标准是组织开展生产和经营活动的依据，其制定的对象通常是（ ）。

A. 具有可追溯性的事物　　B. 可以定量描述的事物

C. 不可以定量描述的事物　　D. 重复出现的事物

73. 质量检查标准又称品标，其中不包括（ ）。

A. QC 工程图

B. 质量检查标准

C. 不良品管理要领

74. 呆料是（ ）。

A. 可以使用的物料　　B. 边角物料

C. 不能使用的物料　　D. 能用，但放得很久的物料

75. 质量三原则包括不接受不良品、(　)、不流出不良品。

A. 不焊接不良品　　B. 不安装不良品

C. 不制造不良品　　D. 以上都是

76. 质量检验的作用是通过严格的把关使不合格品（　）。

A. 不维修、不放行、不交付　B. 不隔离、不放行、不交付

C. 不转序、不放行、不交付　D. 不放行、不转序、不维修

77. 关于变化点管理，说法不正确的选项是（　）。

A. 操作差异会导致作业不良时时发生，需特别关注人员变更

B. 设备变更对质量影响最小，可以不关注

C. 材料变更要进行目视化管理

D. 作业方法的变更是影响质量的重要因素

78. 产品质量的好坏主要由（　）的工作质量和控制能力决定。

A. 质量部门　　B. 生产部门

C. 采购部门　　D. 人事部门

79. DMAIC 是六西格玛管理中改善流程的重要工具。其中，I 代表（　）。

A. 管理　　B. 控制

C. 测量　　D. 改进

80. 大量、大批、多步骤生产的产品应当以（　）作为产品成本

的计算对象。

A. 产品的生产步骤　　B. 产品的批次

C. 产品的品种　　D. 产品的类别

81. 班组质量管理的范围包括从原材料到（　）的所有制作加工过程。

A. 产品生产　　B. 产品完成

C. 产品销售

82. 以下关于产品制造过程中不良品的说法，正确的选项是（　）。

A. 产品制造过程中的不良品，只要操作安全就不可能出现

B. 产品制造过程中的不良品，只要原材料合格就不可能出现

C. 产品制造过程中的不良品不属于人工的浪费

D. 对产品制造过程中的不良品的任何修补都会造成额外的成本支出，造成浪费

83. 下列工种中不属于特种作业的是（　）。

A. 电工　　B. 焊工

C. 车工　　D. 起重工

84. 企业组织生产经营活动的基本单位是（　）。

A. 员工　　B. 班组

C. 车间　　D. 个人

85.（　）承担 5S 管理成败的责任。

A. 总经理　　B. 5S 推行委员会

C. 车间主任　　　　　　　　D. 公司全体员工

86. 通过不断地改善活动，提高生产效率，降低（　），为公司创造更多利润。

A. 时间　　　　　　　　　　B. 质量

C. 成本　　　　　　　　　　D. 以上都不是

87. 全面质量管理的八项原则中提出（　），就是将活动和相关的资源作为过程进行管理，从而更高效地得到期望的结果。

A. 过程方法　　　　　　　　B. 管理的系统方法

C. 持续改进　　　　　　　　D. 基于事实的决策方法

88. 员工的改善意识在于不断追求进步与革新，致力于（　）。

A. 忠诚　　　　　　　　　　B. 安全至上

C. 持续改善　　　　　　　　D. 质量第一

89. 拉动生产是指一切从（　）出发组装产品，借此拉动前面工序的零部件加工。

A. 市场需求

B. 自身能力

C. 触发前面工序的需求

90. 员工质量意识再造是企业亟待解决的课题，加强员工的产品质量意识，应该做到（　）。

A. 教会员工改变工作环境　　B. 班组长必须每天强调质量

C. 大家要理解检验员的工作　D. 以上都不是

91. JIT 系统以（ ）为出发点。

A. 准时化生产 B. 适量生产

C. 大量生产 D. 质量第一

92. 均衡生产要求快速换产以达到（ ）的生产。

A. 小批量、少品种 B. 大批量、多品种

C. 大批量、少品种 D. 小批量、多品种

93. 班组长是本班组安全生产的（ ）。

A. 第一责任人 B. 负责人

C. 当事人 D. 参与者

94. QC 小组（质量管理小组）1962 年首先在（ ）出现。

A. 美国 B. 英国

C. 德国 D. 日本

95. QC 小组活动起源于（ ）。

A. 日本 B. 美国

C. 德国 D. 中国

96. 质量管理中原因分析的三种工具是（ ）、树图、关联图。

A. 因果图 B. 结状图

C. 点式图 D. 运行图

97. 实现后工序取货的依据是（ ）。

A. 目视化工具 B. 看板

C. 电脑 D. 调度员通知

98. 通过分析原因，促进问题解决的工具是（ ）。

A. 因果图 B. 排列图

C. 调查表 D. 直方图

99. 切换作业中不需要停机进行切换的作业是（ ）。

A. 安全作业 B. 内部切换作业

C. 调整作业 D. 外部切换作业

100. 可以通过（ ），进行现场改善。

A. 让员工多提合理化建议

B. 注重合理化建议的实施效果

C. 定目标、组团队、攻难题

D. 请设备、工艺、质量部门配合

101. 5S 中“整顿”的工作要领“三定”原则，不包括（ ）。

A. 定位 B. 定品

C. 定时 D. 定量

102. 对作业现场设备、产品、材料、工具备品等实行（ ），使生产现场的人、物、信息处于最佳状态，以满足工艺流程的需要。

A. 现场管理 B. 物流管理

C. 定置管理 D. 有序管理

103. 生产现场是经常性组织为了实现生产或服务的经营目的，直接完成生产要素的合理组合、生产（ ）和生产活动的有效调控的场所。

A. 过程的作业优化　　B. 活动的效率提升

C. 动作经济四原则　　D. 过程价值转换

104. 5S 活动中整顿的目的是（　）。

A. 减少寻找时间　　B. 腾出空间

C. 杜绝产品缺陷　　D. 降低成本

105. 5S 活动中整理的目的是（　）。

A. 减少寻找时间　　B. 腾出空间

C. 杜绝产品缺陷　　D. 针对成本

106. 关于 QC 小组活动效果确认的时间段，应该是（　）。

A. 全部对策完成后到巩固期结束这段时间

B. 对策开始实施到巩固期结束这段时间

C. 对策开始实施到全部对策完成这段时间

D. 对策开始实施后的任意时间段

107. 全面质量管理特征概括为“三全一多”，“一多”指的是（　）。

A. 多方法质量管理　　B. 多形式质量管理

C. 多角度质量管理　　D. 多人员质量管理

108.（　）不是看板的使用规则。

A. 必须有取货看板才能取货

B. 必须有生产看板才开始生产

C. 多频回收

D. 可以用生产看板从超市取货

109. 不合格产品的真实面目是（　）。

A. 不符合客户需求　　B. 没有附加价值

C. 多余的产品　　D. 不均衡的状况

110. 生产出瑕疵品或必须返工的产品，这种浪费是（　）。

A. 制造不良品的浪费　　B. 动作的浪费

C. 多余加工作业的浪费　　D. 人的智慧潜能的浪费

111. 一般来说，多元分析的内容包括（　）。

A. 多变量图分析　　B. 多元方差分析

C. 多元回归分析　　D. 以上都是

112. 排列图中的其他项是（　）之和。

A. 次要的多数项　　B. 关键的少数项

C. 发生频次很低的项目　　D. 以上都不是

113. 最好的降低或排除无意识差错的方法是（　）。

A. 目视化　　B. 防错

C. 罚款　　D. 培训

114. 从业人员在作业过程中，应当严格遵守安全生产（　）和操作规程，服从管理，正确佩戴和使用劳动防护用品。

A. 作业标准　　B. 规章制度

C. 法律法规

115. 作业过程中发现前工序岗位漏检故障问题时，应该采取的措施是（ ）。

A. 告诉相关质检员　　B. 假装未看见

C. 反馈给班长　　D. 及时记录

116. 标识和可追溯性的主要目的是（ ）。

A. 识别不同的产品　　B. 识别产品的状态

C. 防止不合格品流转　　D. 以上都是

117. 消耗资源而又不直接贡献于产品和服务的活动被称为（ ）。

A. 辅助生产　　B. 体系外生产

C. 非增值活动　　D. 间接生产

118. 定置管理的重要任务是：保持 A 状态，改善 B 状态，清除 C 状态，其中 C 状态就是（ ）。

A. 废弃物

B. 现场不需要的物品

C. 废弃物和现场不需要的物品

119. 测量系统的精密度和准确度（ ）。

A. 意思相同

B. 意思相反

C. 分别代表一致性和正确性

D. 分别代表精确性和可追溯性

120. 5S 仓库管理中遵守的原则不包括（ ）。

A. 分工　　B. 分层

C. 分架　　D. 分区

121. 在六西格玛改进 DMAIC 过程中，确定当前水平（基线）是（　）阶段的活动要点。

A. 界定　　B. 测量

C. 分析　　D. 控制

122. 防错是由日本质量管理专家、丰田生产体系创建人（　）首创。

A. 新乡重夫　　B. 稻盛和夫

C. 丰田喜一郎　　D. 朱兰

123. 从服务接受者的角度来看，服务管理体系包括（　）。

A. 服务资源和服务提供　　B. 顾客要求和顾客满意

C. 服务质量和超值服务　　D. 接触点和接触过程

124. 精益生产的经营思想是（　）。

A. 成本中心型　　B. 售价中心型

C. 服务中心型　　D. 利润中心型

125. 班组现场改善四项原则是：取消、合并、重排、（　）。

A. 简化　　B. 改变

C. 改善　　D. 裁剪

126. 顾客满意度是对顾客满意的（　）描述。

A. 定量化　　B. 定性化

C. 感受化　　　　　　　　D. 理想化

127. 在夏季高温作业的生产车间，设计降温措施时，首先应考虑（　）。

A. 全面自然通风降温　　　B. 局部自然通风降温

C. 岗位机械通风降温　　　D. 全面机械通风降温

128. 仓储管理工作中的基础、关键、中心是（　）。

A. 入库、搞好保管保养、出库

B. 入库、出库、搞好保管保养

C. 搞好保管保养、入库、出库

D. 出库、搞好保管保养、入库

129. 当员工劳保质量不达标或者辅料定额不足时，应通过（　）解决。

A. 提起问题解决票及提案　B. 间接告诉相关责任人

C. 告知相关责任人解决　　D. 默默忍受

130. 流水生产或流水线的一种重要特点是（　）。

A. 工艺布局必须是直线式

B. 工艺布局必须是 U 型的

C. 各工位生产节拍高度统一

D. 必须是批量生产方式

131. 平衡生产线就是令生产线上各工位的作业时间尽可能趋近于（　）。

A. 各工位的平均作业时间

B. 各工位中最短的作业时间

C. 各工位中最长的作业时间

D. 节拍时间

132. 确定要因的方法是（ ）。

A. 根据问题的影响程度大小来确定

B. 根据解决问题的难易性来确定

C. 根据主观判断来确定

D. 根据组长指示来确定

133. 改善活动能找到（ ）的工作方法。

A. 更累　　B. 更捷径

C. 更好　　D. 以上都不是

134. 企业推行 5S 活动，最重要的是（ ）。

A. 人人有素养　　B. 地、物干净

C. 工厂有制度　　D. 生产效率高

135. 5S 中“整理”主要排除的是（ ）浪费。

A. 时间　　B. 空间

C. 工具　　D. 包装

136. 在动作经济原则中，“尽量解除手的动作，而以夹具或脚踏工具代替”，这是关于（ ）的原则。

A. 人体运用　　B. 工作地布置

C. 工具设备　　D. 作业设计

137. 在控制图中点子出现周期性变化，表明（　）。

A. 生产过程失控　　B. 生产过程稳定

C. 工序正常　　D. 生产过程受控

138. 生产线平衡是基于客户需求，对生产线的全部（　）进行负荷分析，通过调整工序间的负荷分配使各工序达到能力平衡，以使作业时间尽可能相近的技术手段与方法。

A. 工序　　B. 负荷

C. 工装　　D. 节拍

139. 标准卡应在工作开工前由（　）编制完成。

A. 工作票许可人　　B. 工作票签发人

C. 工作负责人

140. 班组（　）通过对工作流程中各环节、岗位和职能的合并、分立、删减，使流程中的资源得到最大化利用。

A. 现场物流管理　　B. 工作流程管理

C. 工作流程再造　　D. 作业编成

141. 工作期间，若工作负责人因故必须离开工作地点时，应指定能胜任的人员临时代替，离开前应将（　）交代清楚，并告知工作班人员。

A. 安全措施　　B. 工作任务

C. 工作现场

142. 在进行工作分析时，工作岗位、工作任务、工作职责和工作要素都是分析的对象，那么以上四个对象从小到大的排序正确的是（　）。

A. 工作要素、工作职责、工作任务、工作岗位

B. 工作要素、工作职责、工作岗位、工作任务

C. 工作要素、工作任务、工作职责、工作岗位

D. 工作任务、工作要素、工作职责、工作岗位

143. 出现（　）情况时，可能导致质量管理体系的变更。

A. 组织人员、机构发生变化

B. 政策、法规发生变化

C. 公司产品、业务、市场发生变化

D. 以上都是

144. 服务质量特性中的（　）是指顾客在接受服务过程中满足精神需要的程度。顾客期望得到一个自由、亲切、尊重、友好和谅解的气氛。

A. 文明性　　B. 舒适性

C. 功能性　　D. 安全性

145. 质量管理体系以（　）为关注焦点，也是以此为中心点展开一系列相关过程的活动。

A. 组织员工　　B. 顾客

C. 供应商　　D. 相关方

146. 班组生产作业过程管理的内容一般包括准备、计划、组织和（　）四个方面。

A. 学习培训　B. 调动

C. 沟通　D. 控制

147. QC 小组活动成果发表的作用是（　）。

A. 联谊交流，相互启发，共同提高

B. 展示 QC 小组活动的技巧和方法，推广应用

C. 鼓足士气，满足小组成员自我实现的需要

D. 以上都是

148. 针对单一或多个问题的原因进行分析，应采用（　）。

A. 因果图　B. 系统图

C. 关联图　D. 柱状图

149. 针对单一问题进行原因分析，分层不超过四层的情况下，应采用（　）。

A. 因果图　B. 系统图

C. 关联图　D. 柱状图

150. 班组质量管理的主要特点是（　），重在操作执行层面，通过质量控制和质量改善，确保班组质量目标的实现。

A. 广泛性、群众性和实践性

B. 广泛性、基础性和战略性

C. 广泛性、基础性和实践性

D. 以上都不是

151. 质量概念涵盖的对象是（　　）。

A. 产品

B. 服务

C. 过程

D. 一切可单独描述和研究的事物

152. 在生产实践中，用于数据收集、整理和分析的方法有多种，其中检查表主要应用于（　　）。

A. 数据采集　　B. 数据整理与分析

C. 过程分析　　D. 原因分析

153. 控制图上有中心线、上控制界限和下控制界限，其中，上、下控制界限可以用来判断（　　）。

A. 产品是否合格

B. 过程是否稳定

C. 过程能力是否满足技术要求

D. 过程中心与规格中心是否发生偏移

154. 过程测量不包括（　　）。

A. 过程检验　　B. 产品设计过程中的评审

C. 过程输出抽样测量　　D. 产品质量审核

155. 根据客户需求，产品质量要“恰到好处”，是杜绝了（　　）的浪费。

A. 过量生产　　B. 加工

C. 过多库存　　D. 制造不良

156. 因为处理技术问题而使生产不能进行下去属于（　）造成的浪费。

A. 等待　　B. 缺陷

C. 批量生产　　D. 生产过剩

157. 班组质量管理的基本任务在于防止不合格产品的产生和对（　）产品的控制，并改进产品加工和服务提供的质量。

A. 合格　　B. 不合格

C. 合法

158. 在标准作业组合票中，手工作业用（　）表示。

A. 黑色细实线　　B. 波浪线

C. 黑色粗实线　　D. 虚线

159. 要控制班组质量的“防止流出能力”，就要对已经流出班组的不良产品进行统计。质量指标中的（　）用于确定“防止流出能力”的有效性。

A. 班组直通率　　B. 工序内单台缺陷数

C. 后工序反馈不良　　D. 自检合格率

160. 过程质量是为了确保产品能够满足（　）的制造质量和产品质量要求，运用一定的管理方法和技术手段，对影响生产过程的要素进行检查、验证，从而保证产品在生产过程中质量受控。

A. 预期　　B. 中期

C. 后期

161. 班组长要组织自检、(　　) 和巡检，做好过程检验工作。

A. 互检　　B. 互动

C. 互利

162. 额定起重量包括 (　　)。

A. 自重　　B. 可分吊具、属具

C. 滑轮组　　D. 起重钢丝

163. (　　) 管理的实质是对生产现场物流的规范和优化。

A. 物流定置　　B. 设备定质

C. 环境定标　　D. 操作定序

164. QC 活动正确的说法是 (　　)。

A. 员工个人在岗位中发现问题、解决问题的活动

B. 只能是质量方面的问题解决活动

C. 活动开展之前要书写提案书

D. 团队共同开展的小组活动

165. 准时化的目标是 (　　)。

A. 废品量最低　　B. 库存量最低

C. 机器损坏率最低　　D. 准备时间最短

166. 通过平衡生产线可以提高作业员及设备工装的工作效率，减

少单件产品的工时消耗，降低（ ）。

A. 动作浪费　　B. 工时浪费

C. 机器闲置　　D. 成本

167. 金属材料的导电性属于（ ）性能。

A. 物理　　B. 化学

C. 机械　　D. 工艺

168. 对大批量集中生产与均衡生产的说法，正确的是（ ）。

A. 集中生产减少换型时间，效率高

B. 均衡生产减少工序间波动

C. 集中生产方式使得给供应商供货更稳定

D. 均衡生产库存更高

169. 现场班组管理五大任务包含（ ）。

A. 考勤　　B. 成本管理

C. 计划　　D. 预防

170. 班组生产管理指根据车间下达的班组生产计划，对班组的生产活动进行（ ）。

A. 人、机、料、法、环

B. 组织、计划、准备、控制

C. 计划、组织、指挥、协调、控制

D. 操作定序、设备定质、物流定置、环境定标

171. 生产管理的职能（或手段）包括（ ）。

A. 人、机、料、法、环

B. 安全、优质、高效、低耗

C. 计划、组织、指挥、协调、控制

D. 质量、数量、品种、成本、完工期限

172. 生产活动需要的生产要素包括（　）。

A. 人、机、料、法、环

B. 组织、计划、准备、控制

C. 计划、组织、指挥、协调、控制

D. 操作定序、设备定质、物流定置、环境定标

173. 因计划临时变更或安排失误导致的异常属于生产异常的（　）类。

A. 品质异常　　B. 技术异常

C. 计划异常　　D. 物流异常

174. 作业中必须按照（　）操作。

A. 工艺规程　　B. 安全规程

C. 技术图纸　　D. 车间主任的要求

175. 符合性的质量概念指的是符合（　）。

A. 现行标准的程度　　B. 顾客要求的程度

C. 技术文件的程度　　D. 工艺参数的程度

176. 实现全面质量管理全过程的管理必须体现（　）的思想。

A. 预防为主、不断改进　　B. 严格质量检验

C. 加强生产控制　　D. 为顾客服务

177. 库存浪费可以通过（　）进行减少或消除。

A. 严格的生产计划与目标管理　B. 协商

C. 加强组织纪律　　D. 严格执行合同

178. “没有最好，只有更好”体现了精益生产的（　）原则。

A. 尽善尽美　　B. 价值

C. 价值流　　D. 流动

179. 实现准时化生产的工具是（　）。

A. 均衡化生产　　B. 拉动式生产

C. 价值流分析　　D. 看板

180. 操作人员必须坚守岗位，严格执行巡回检查制度，（　）巡回检查。

A. 定时　　B. 不定时

C. 间断　　D. 定员

181. 针对现场可能出现的差错，对以下防错思路，组织应考虑优先选择（　）。

A. 替代　　B. 消除

C. 检测　　D. 简化

182. 现场计量工作是指为了达到计量单位（　）、量值准确（　）的测量所进行的全部活动。

A. 统一，管理　　B. 准确，全面

C. 检测，管理　　D. 统一，一致

183. PDCA 循环中 P 指的是（　）。

A. 计划　　B. 实施

C. 检查　　D. 处置

184. PDCA 循环中 D 指的是（　）。

A. 计划　　B. 实施

C. 检查　　D. 处置

185. PDCA 循环中 C 指的是（　）。

A. 计划　　B. 实施

C. 检查　　D. 处置

186. PDCA 循环中 A 指的是（　）。

A. 计划　　B. 实施

C. 检查　　D. 处置

187. 劳动纪律主要包括组织纪律、生产技术纪律和（　）纪律。

A. 教育　　B. 工时

C. 检查

188. 清洁状态包含的三个要素是（　）。

A. 干净、高效和安全　　B. 整理、整顿和清扫

C. 检查、监督和改进　　D. 以上都不是

189. 操作者要做到的“三工序”是复查上工序，保证本工序，（　）。

A. 把下工序当作用户　　B. 服务下工序

C. 检查本工序　　D. 检查下工序

190. 自工程完结是为了不向后工序（　），简单说就是不应生产不良品，自工序的质量由自己来保证。

A. 制造不良品　　B. 接受不良品

C. 检查不良品　　D. 流出不良品

191. GB/T19001—2016 标准相比 GB/T19001—2008 标准新增加了（　）人员的能力。

A. 无损检测　　B. 焊接操作

C. 检查　　D. 内审

192. 企业最经常、最大量、最活跃的质量工作是（　）。

A. 设计过程　　B. 生产制造过程

C. 检验过程　　D. 使用过程

193. 当量具发生故障时应该（　）。

A. 立即停止使用该计量器具，并报品证计量人员维修处理，同时需对加工的工件进行追溯

B. 自行处理拆修计量器具

C. 将计量器具放在一边不用管它

D. 继续使用该计量器具

194. 改善活动对个人而言，能（　）表现自我的机会。

A. 隐藏　　B. 增加

C. 降低　　D. 以上都不是

195. QC 小组，是指在生产或工作岗位上从事各种劳动的职工，围绕企业的方针目标和现场存在的问题，以改进质量、（　）、提高经济效益和员工素质为目的自愿组织起来，运用质量管理的理论和方法开展活动的小组。

A. 技术革新　　B. 控制成本

C. 降低消耗　　D. 节支降耗

196. QCDS 指标中 Q 是指（　）。

A. 质量　　B. 成本

C. 交货期　　D. 安全

197. 仪器、工具、材料、消防器材等设施应在（　）时进行检查。

A. 巡视　　B. 使用

C. 交接班

198. 5S 治理的重要任务是保持 A 状态，改善 B 状态，清除 C 状态。其中 A 状态，是指人、物、场所假如都在良好的情形下，这三要素就能和谐、紧密地结合在一起，这种状态有利于连续作业，是最好的状态；B 状态，即良好状态，是指三个要素在搭配上，不同程度地都有一些需要改进的点，还不能充分发挥各要素的潜力，或者部分要素处于不良好的状态，也称为需改进的状态；C 状态是（　）。

A. 合格状态，人员配置、设备状态差不多达标的状态

B. 异样状态，现场存在不需要的物品、显现冗余人员的一种状态

C. 较差状态，是一种严峻阻碍作业、不利于现场生产和治理的状态

D. 异样状态，但现场也有部分要素能充分发挥作用的状态

199. 在对物料进行控制时，库存分类管理的原则就是，价值越高的库存，存量应该（　）。

A. 越高　　B. 越低

C. 较高　　D. 较低

200. "发生异常时，自动停止，不生产不流出不良品"是对精益生产中（　）的诠释。

A. 效益　　B. 看板

C. 节拍器　　D. 自働化

201.（　）不属于 5S 范畴。

A. 整理　　B. 整顿

C. 节约　　D. 素养

202. 目标管理是一种管理方法，是一个（　），它包括对结果的考核和对考核结果的处置。

A. 制度　　B. 技能

C. 结果　　D. 过程

203. 目视管理的原则不包括（　　）。

A. 形式化　　B. 透明化

C. 界限化　　D. 视觉化

204. 美国管理大师朱兰曾说 21 世纪是（　　）的世纪。

A. 经济　　B. 质量

C. 金融　　D. 生产

205. 按照检验的阶段分类，质量检验不包含（　　）。

A. 最终检验　　B. 流动检验

C. 进货检验　　D. 过程检验

206. 未经过最终检测的产品（　　）。

A. 根据以往的经验和数据分析，可以交货

B. 经顾客批准，也不能交货

C. 经质量部门主管人员批准，可以交货

D. 以上都不是

207. 企业生产活动中不为我们创造价值但是却消耗资源的现象称为（　　）。

A. 改善　　B. 浪费

C. 精益　　D. 消耗

208. 过程的（　　）结果称为输出。

A. 预期　　B. 演变

C. 决策　　D. 差异

209. 影响产品质量的异常因素，其特色是（　）。

A. 能够发现和除去　　B. 不值得除去

C. 生产工程所固有　　D. 难以除去

210. 目视化管理方法中，将零部件、工具、夹具等物品，在其放置的工具箱中或地面上、墙壁上、桌子上、机器旁等地方，按其投影的形状绘图或采用嵌入凹模等方法进行定位标识，使其易于取用和归位的一种管理方法称为（　）。

A. 颜色管理　　B. 形迹管理

C. 看板管理　　D. 性能管理

211. 班组生产作业的统计要求准确性、及时性、真实性和（　）。

A. 可靠性　　B. 针对性

C. 可操作性　　D. 全面性

212. 5S 目标设定时遵循的 SMART 原则中，M 指的是（　）。

A. 具体的　　B. 有期限的

C. 可测量的　　D. 可行的

213. 顾客的满意水平是（　）。

A. 可感知效果和产品的质量之间的差异函数

B. 产品的质量和可感知效果之间的差异函数

C. 可感知效果和期望值之间的差异函数

D. 产品的质量和期望值之间的差异函数

214. 以下关于生产线物流的说法错误的是（　）。

A. 操作人员的安排尽量紧凑，可以减少相邻工位间的走动浪费

B. 每段物流量要均衡，物流量均衡化有利于均衡物流人员劳动强度

C. 可以利用物流山积表均衡每位物流配送人员的作业时间，并使其满负荷，在节拍内满负荷就可以达到少人化的目的

D. 重量大的零件放在货架顶部，以方便拿取

215. “质量就意味着对于规范或要求的符合”。这一观点是（　）提出来的。

A. 朱兰　　B. 石川馨

C. 克劳斯比　　D. 休哈特

216. 经常听到一些企业说“质量就是生命”，其根本含义是（　）。

A. 偶尔不注重质量，后果不会太严重

B. 质量就是不要出安全事故

C. 客户对质量的需求是没有止境的，这对企业来说是一件要命的事

D. 质量对企业来说，意味着效益和长期的发展

217. 整顿主要是排除（　）浪费。

A. 时间　　B. 工具

C. 空间　　D. 包装物

218. 现场管理中，要求现场管理人员做好“三自”和“一控”，其中“一控”指的是（　）。

A. 控制设备状态　　B. 控制自检合格率

C. 控制工艺水平　　D. 控制原材料用量

219. QC 小组活动总结回顾常用的图表是（　）。

A. 调查表　　B. 直方图

C. 控制图　　D. 简易图表

220. 查看异常常用的统计方式是（　）。

A. 亲和图　　B. 帕累托图

C. 控制图　　D. 散布图

221. 控制生产速度的指标是（　）。

A. 设备　　B. 生产节拍

C. 库存　　D. 材料

222. 下列不属于动作浪费的是（　）。

A. 走动　　B. 左右手交换

C. 库存　　D. 单手空闲

223. 精益生产方式采用（　）控制系统。

A. 推动式　　B. 补货式

C. 拉动式　　D. 线边式

224. 在质量管理的三大控制中，进料控制又是（　）。

A. 成品控制　　B. 最终检验

C. 来料检验　　D. 过程检验

225. 不良品管理中对不合格品区区域标识线的颜色要求是（　）。

A. 红色　　B. 黄色

C. 蓝色　　D. 白色

226. 改善是能够提高产量、质量和经济效益，消除生产活动中的各种（　）现象的活动。

A. 安全　　B. 成本

C. 浪费　　D. 以上都不是

227. 改善活动对个人：使自己的工作变得更（　）。

A. 轻松　　B. 自信

C. 劳累　　D. 以上都不是

228. PDCA 循环方法是一种（　）方法。

A. 统计技术　　B. 持续改进

C. 连续评价　　D. 自我评价

229. 班组质量管理中，特性要因分析通常不会对（　）因素进行分析。

A. 人　　B. 机

C. 料　　D. 信息

230. 生产部门负责标准化作业（　）的推广应用。

A. 阶段　　B. 全过程

C. 临时

231.（ ）不是精益生产方式追求的目标。

A. 低成本　　B. 无废品

C. 零库存　　D. 产品单一化

232. 为在一定的范围内获得（ ），对实际的或潜在的问题制定共同的和重复使用的活动，称为标准化。

A. 问题的改善效果　　B. 最佳秩序

C. 领导的承认

233.（ ）创造价值。

A. 制度　　B. 环境

C. 流程

234. 多元分析前期，了解整个过程，识别原因与结果之间可能存在的关系时，需要用到（ ）。

A. 失效模式　　B. 效果分析

C. 流程图和因果矩阵　　D. 多变量分析

235. 当两个被连接件之一太厚，不易制成通孔且需要经常拆卸时，往往采用（ ）。

A. 双头螺柱连接　　B. 螺栓连接

C. 螺钉连接　　D. 焊接

236. PDCA 循环的特点有周而复始、大环带小环、（ ）。

A. 直线上升　　B. 阶梯式上升

C. 螺旋式上升

237. 在数据分类中，按照数据的属性有计量数据和计数数据两种，属于计量数据的是（   ）。

A. 轴的直径　　B. 不合格品数

C. 每平方米玻璃的气泡个数　　D. 电冰箱的不合格品率

238. 关于各工序（线）生产能力表，以下说法错误的是（   ）。

A. 了解各工序的瓶颈所在，具体是人还是设备

B. 各工序（线）生产能力表主要应用于总装车间

C. 明确改善点，以满足需要的产量和节拍的要求

D. 可以显示工序的生产能力（与需要量比较）

239. QFD 的核心是（   ）。

A. 寻找生产控制点

B. 设计关键工艺特征

C. 明确关键零部件特征

D. 把顾客需求转化为关键产品特征

240. 改善活动增强员工相互间的（   ）。

A. 感情　　B. 交流

C. 摩擦　　D. 以上都不是

241. A3 报告是一种由（   ）开创的方法，通常用图形把问题、分析、改正措施以及执行计划囊括在一张 A3 纸上。

A. 通用电气　　B. 丰田公司

C. 摩托罗拉　　D. 福特汽车

242. 从图形中可看出所占比例高的问题、看出各问题所占比例、看出对目标影响大的关键问题的工具是（　）。

A. 柱状图　　B. 特性要因图

C. 排列图　　D. 因果图

243. 原因分析时常用的方法有：因果图、（　）、关联图。

A. 直方图　　B. 系统图

C. 排列图　　D. 矩阵图

244.（　）不是“一个流”生产的要点。

A. 经济批量　　B. 按节拍进行生产

C. 培养多能工　　D. U 型布局

245. “一个流”生产的要素不包括（　）。

A. 单件生产　　B. 按节拍进行生产

C. 培养多能工　　D. U 型布局

246. 因为处理技术问题而使班组工作不能进行下去属于（　）造成的浪费。

A. 等待　　B. 缺陷

C. 批量生产　　D. 物料

247. 在生产过程中，产品按要求的时间及工艺流程顺序，一件一件从一道工序流向下一道工序，直至完成叫作（　）。

A. 均衡生产　　B. 流线化生产

C. 批量生产　　D. 顺序生产

248. 生产过程的（　　）指在生产各环节中生产速度的稳定程度。

A. 均衡性　　B. 连续性

C. 平行性　　D. 比例性

249.（　　）不属于看板管理的作用。

A. 传递情报，统一认识

B. 帮助管理，防微杜渐

C. 强势宣导，形成改善意识

D. 清除杂乱，腾出空间

250. 生产经营单位的从业人员有权了解其作业场所和工作岗位存在的危险因素、防范措施及事故（　　）措施。

A. 救援　　B. 应急

C. 抢险

251. 车辆装货时，应遵循（　　）原则。

A. 重不压轻，后送后装　　B. 重不压轻，后送先装

C. 轻不压重，后送后装　　D. 轻不压重，后送先装

252.（　　）的目的：使不足、缺点明显化，是品质的基础。

A. 整理　　B. 整顿

C. 清洁　　D. 清扫

253. 5S 管理的核心是（　　）。

A. 整理　　B. 素养

C. 清洁　　D. 清扫

254. 必要物品定置放位指的是（　）。

A. 清扫　B. 整顿

C. 清洁　D. 整理

255. 对公司的规则、作业方法等主动地、自觉地，在无意识状态下也能遵守，这属于“5S”管理中（　）环节。

A. 整理　B. 清扫

C. 清洁　D. 素养

256. 将需要的东西按规定位置摆放，属于 5S 中的（　）。

A. 整顿　B. 整理

C. 清洁　D. 清扫

257. 生产现场中对整理等工作后的状态进行保持，并使之成为一种良好的制度和习惯的是（　）。

A. 清扫　B. 素养

C. 清洁　D. 整理

258. 物品乱摆放属于 5S 中（　）要处理的范围。

A. 整理　B. 整顿

C. 清洁　D. 清扫

259. 准时生产方式用最后的（　）工序来调节整个生产过程。

A. 装配　B. 生产

C. 清洁　D. 整理

260. 班组生产作业的准备主要是指工艺技术、人力、物资、能源和（　）。

A. 机器设备、工具的准备　B. 环境整治

C. 清理现场　D. 安全防护

261. 5S 管理中的（　）是将前 3 个 S 循环下去，做到现场管理规范化、制度化。

A. 整理　B. 整顿

C. 清扫　D. 清洁

262. 5S 管理中的（　）是指合理放置必需品，必要时方便取用。

A. 整理　B. 整顿

C. 清扫　D. 清洁

263. 5S 活动中的（　）所指的处理非必需品包括：一是使用周期较长的，二是对当前生产（工作）无任何作用且需要报废的物品。

A. 整理　B. 整顿

C. 清扫　D. 清洁

264. 5S 中（　）阶段是，定期去除脏污，确保卫生清洁，便于发现问题，检查以预防缺陷发生。

A. 整理　B. 整顿

C. 清扫　D. 清洁

265. 点检潜在的缺陷，同时修复缺陷，确保工器具、备品备件的可用、能用，这属于“5S”管理中（　）环节。

A. 整理　　B. 整顿

C. 清扫　　D. 清洁

266. 将必需品和非必需品区分开是 5S 的（　）阶段。

A. 整理　　B. 整顿

C. 清扫　　D. 清洁

267. 班组的业务建设就是在生产、技术、经济活动中（　）。

A. 有一套健全和完善的规章制度

B. 不断学习和掌握各项专业管理技术

C. 做好职工思想政治工作

D. 班组的民主管理

268. 在任何一个现场，都有两种物质存在：一个是有用的，一个是不用的，那就应该将不用的清理掉，把有用的留下来，这就需要（　）。

A. 整理　　B. 整顿

C. 清扫　　D. 清洁

269. 对不合格产品进行标识的目的是（　）。

A. 进行定置管理　　B. 防止产品混淆或误用

C. 区分不同产品　　D. 确保产品的可追溯性

270. 控制图的主要用途是（　）。

A. 评价工序的质量特性

B. 显示质量波动分布的状态

C. 区分正常波动和异常波动

D. 发现不合格品

271. 企业设立质量检验部门以履行专职检验职责，但这种做法实质上是一种（　），因此企业应该加强全面质量管理。

A. 事前预防　　B. 事后把关

C. 全面控制　　D. 统计控制

272. TPM 的中文全称是（　）。

A. 全面生产维护　　B. 全员设备维护

C. 全面质量管理　　D. 全员成本管理

273. 丰田生产方式的核心是（　）。

A. 看板管理　　B. 5S

C. 全面质量管理

274. 强调利用统计方法对生产过程进行控制，以预防不合格品产生的质量管理阶段是（　）。

A. 质量检验阶段　　B. 统计质量控制阶段

C. 全面质量管理阶段　　D. 质量分析阶段

275.（　）的质量管理认为质量产生、形成和实现的过程中的每个环节都或轻或重地影响着最终的质量状况。

A. 全过程　　B. 全企业

C. 全员　　D. 全面

276. 头脑风暴的主要作用是（　）。

A. 收集信息

B. 制订计划

C. 确定结果和原因之间的关系

D. 分析数据

277. 在管理实践中要使全面质量管理基本方法得到很好的应用，必须根据生产过程中出现问题的不同类型，选择不同的质量管理工具，有效实现质量改进的目的。以下关于质量改进步骤所选用的工具和技术错误的是（ ）。

A. 调查可能原因可采用流程图、因果图（鱼骨图）、散布图、调查表

B. 确定主要原因可采用排列图（柏拉图）

C. 确定因果关系可采用因果图（鱼骨图）、散布图

D. 采取改进措施可采用树图、调查表

278. 线平衡改善在（ ）有效。

A. 人少时　　B. 人多时

C. 人多和人少时都　　D. 以上都不是

279. 5S 活动的最终目标是（ ）。

A. 安全卫生有序化　　B. 职场美化、活力化

C. 人心美化、习惯化　　D. 以上都不是

280. 影响现场质量的要素有很多，我们习惯上将其称为 5M1E，（ ）不属于 5M1E。

A. 环境　　B. 作业方法

C. 人员　　D. 信息

281. 班组对班组自身各作业、操作和管理环节进行统一化、规范化、程序化和简化的设计和执行过程，即（　）。

A. 班组作业标准化　　B. 工序操作标准化

C. 日常管理标准化　　D. 生产和服务标准化

282. 汽车、机床为（　）产品。

A. 硬件　　B. 流程性材料

C. 软件　　D. 服务

283. 下列不属于工作前应检查的是（　）。

A. 轴承或滑动部位有无发烫现象

B. 不必要的物品不放置在设备的传动部位或管线上

C. 润滑系统是否足够

D. 各部位螺丝是否松动

284. 对消防器材应每年检查维修（　），并涂打检查到期标志，做好记录，确保消防器材质量完好。

A. 一次　　B. 两次

C. 三次　　D. 四次

285. 六西格玛管理方法在 20 世纪 80 年代诞生于（　）。

A. 通用电气　　B. 摩托罗拉

C. 三星电子　　D. 丰田汽车

286. 组织为确定改进的优先次序，可考虑使用以下统计技术中的（ ）。

A. 控制图 B. 排列图

C. 散布图 D. 亲和图

287.（ ）在班组 QC 小组质量分析和质量改进活动中有着非常广泛的用途，是班组质量活动中普遍应用的工具。

A. 散点图和关联图

B. 帕累托图和主次因素排列图

C. 散点图和亲和图

D. 因果分析图和主次因素排列图

288. 以下作业要领描述不突出的是（ ）。

A. 观察电压表显示为 400V 时，按下启动按钮

B. 用油石从左往右打磨工件上平面，然后用毛巾擦净工件上平面残留的铁屑或毛刺等杂物

C. 扫描条码时，扫描枪的信号光对准零件条码，信号光由红色变为绿色为扫描成功

D. 按下按钮，将发电机装在机体上

289. 物料存储是（ ）的可靠保证。

A. 商品使用 B. 商品流通

C. 商品质量 D. 商品交易

290. 上下道工序之间也要进行员工之间的互检，即（ ）。

A. 上道工序生产的产品，下道工序不要进行再检验

B. 下道工序生产的产品，上道工序要进行再检验

C. 上道工序生产的产品，下道工序要进行再检验

D. 以上都是

291. 相对于工作地点来说，有害物质的发生源应布置在机械通风或自然通风的（ ）。

A. 前面　　B. 后面

C. 上风侧　　D. 下风侧

292. 改善活动通过修正（ ），适当地纠正不正常现象，并提高作业人员的工作士气，贡献于全部工序的改善。

A. 制造工艺　　B. 制造流程

C. 设备功能　　D. 标准作业

293. 要将危险的事、物予以显露化，刺激人的视觉，唤醒人们的安全意识，防止事故、灾难的发生属于目视管理中的（ ）。

A. 生产目视管理　　B. 安全目视管理

C. 设备目视管理　　D. 质量目视管理

294. 分析问题时，需要切实地实施"三现"，把握现状，通过反复追问（ ）查明原因。

A. 为什么　　B. 在哪呢

C. 谁在做　　D. 以上都不是

295. "异常"管理是生产现场（ ）与一直以来的做法相比较产

生了变化，针对变化的要素应该在变化发生后的一段时间内，重点跟踪确认、判定安全、质量、生产是不是在这些发生变化之后出现了异常的一种管理方法。

A. 人、机、料、法、环　　B. 质量

C. 生产　　D. 产品

296. 下列说法不属于物料保管原则的是（　）。

A. 确保物资仓储损耗在规定范围以内

B. 物资存放要便于收发和盘点

C. 为高效利用库存空间，库存区不用留通道

D. 要符合防火和安全的要求

297. 生产（　）为现场标准化作业的归口管理部门，对指导书的编制有指导、督促和考核的职责，负责标准化作业全过程的推广应用和监督检查。

A. 安监部门　　B. 技术部门

C. 生产部门

298. 将产品质量保持在规定的质量水平上所需的费用称为（　）。

A. 质量成本　　B. 总成本

C. 生产成本　　D. 检验成本

299. 所谓标准作业，是以（　）为中心，对产品安全地、高质量地、高效地进行生产。

A. 机器作业　　B. 人的动作

C. 生产的方法　　D. 以上都不是

300. 影响产品质量的异常因素的特点是（　）。

A. 可以发现和消除　　B. 不值得消除

C. 生产工程所固有　　D. 难以消除

301. 现场管理不包括（　）。

A. 成本管理　　B. 工程管理

C. 生产管理　　D. 安全管理

302. 班组现场管理是保证班组作业现场的各种生产要素进行合理配置和优化组合，经过（　）的转换，按规定的现场作业目标实现产出的一系列管理活动的总称。

A. 现场过程　　B. 计划过程

C. 生产过程　　D. 作业过程

303. 推行设备U型布置的要点包括设备布置的流水线化、站立式作业、（　）、人与设备分离。

A. 培养多能工　　B. 单能工

C. 生产节拍　　D. 生产任务

304.（　）不是实施精益生产的具体手法。

A. 生产同步化　　B. 生产均衡化

C. 生产柔性化　　D. 生产人性化

305. 在制品流动管理的目标是（　）。

A. 零库存管理　　B. 半成品管理

C. 生产线管理　　D. 以上都不是

306. 准时化的目的是减少工序内在库量，缩短（　），降低成本。

A. 生产必要人数　　B. 生产量

C. 生产周期　　D. 生产节拍

307. 某单位 4 月份生产任务 10000 辆，1000 名作业人员；5 月生产任务是 5000 辆，作业人员调整为 500 人，这种人员配备方法是（　）。

A. 少人化　　B. 省人化

C. 省力化

308. 若把质量管理看作一个连续的过程，那么质量策划、质量控制和质量改进就构成了这一过程最主要的三个阶段，国际知名质量专家（　）将其称为“质量管理三部曲”。

A. 朱兰　　B. 戴明

C. 石川馨　　D. 休哈特

309. 下列不属于七大浪费的是（　）。

A. 等待浪费　　B. 动作浪费

C. 时间浪费　　D. 加工本身浪费

310. 生产管理的（　）是指，在生产活动中坚决贯彻“生命第一、安全至上”理念，保证每个成员安全，防止各类事故发生，切实做到安全促进生产，生产必须安全。

A. 计划性　　B. 经济性

C. 时效性　　　　　　　　　D. 文明性

311. 生产管理的（　　）是指，在组织班组生产活动时，要努力降低生产消耗，提高班组的经济效益，追求生产高效率、工作满负荷，做到人尽其才、物尽其用、机尽其功。

A. 计划性　　　　　　　　　B. 经济性

C. 时效性　　　　　　　　　D. 均衡性

312. 质量不仅可以指产品质量，也可指过程的质量和体系的质量，这反映了质量的（　　）。

A. 广义性　　　　　　　　　B. 经济性

C. 时效性　　　　　　　　　D. 相对性

313. 有关看板管理，（　　）说法错误。

A. 看板是后道工序向前道工序取货的依据

B. 看板具有改善的机能

C. 实际生产管理中使用的看板形式多种多样

D. 没有看板不能生产，但能运送

314. 目视管理的特点不包括（　　）。

A. 本质化　　　　　　　　　B. 视觉化

C. 透明化　　　　　　　　　D. 界限化

315. “班组领导”实质上是被赋予了一定职权的班组长对班组成员施加影响，并（　　）的过程。

A. 安排任务　　　　　　　　B. 指导培训

C. 实现目标　　D. 监督执行

316. 生产派工的重要方式是（　）。

A. 使用加工路线单　　B. 使用传票卡

C. 使用派工单　　D. 使用加工申请单

317. 质量检验的实质是（　）。

A. 事前预防　　B. 全面控制

C. 事后把关　　D. 应用统计技术

318. 目视管理是通过（　）引起意识变化的一种管理方法。

A. 现场管理的需要　　B. 安全管理的需要

C. 视觉感应

319. 整理时，要根据物品的（　）来决定取舍。

A. 购买价值　　B. 使用价值

C. 是否占空间　　D. 是否能卖好价钱

320. 5S 的含义是（　）。

A. 整理、整顿、清洁、清扫、素养

B. 整修、清洁、整顿、清扫、涵养

C. 收拾、整顿、清洁、清扫、修养

D. 整理、整顿、清扫、检查、素养

321. 指挥术语中的前进与后退是以（　）作为参照物的。

A. 起重机　　B. 被吊物

C. 司机　　D. 指挥人员

322. 起升机构制动器动作时间（　），会产生溜钩现象。

A. 长　B. 与时间没关系

C. 缩短

323. 在动作经济四原则中，改善效果最大的是（　）。

A. 减少动作次数　B. 双手同时作业

C. 缩短动作距离　D. 使动作变得省力

324. 下列不属于 5S 目的的是（　）。

A. 排除浪费

B. 提高生产率

C. 提高产品的使用价值

D. 创造一个洁净、高效、安全的企业

325. 某通信公司呼叫中心的职员因为在中午就餐的时候不能及时接收和解决客户反馈的问题，导致投诉率大大增加。关于呼叫中心来说，当前最重要的工作是（　）。

A. 提升业务经营的质量　B. 惩罚员工

C. 提高服务水平　D. 制定人员安排表

326.《质量发展纲要（2011—2020 年）》的灵魂是（　）。

A. 建设质量强国　B. 确保质量安全

C. 提高企业效益　D. 促进外贸发展

327. 质量管理体系可以（　）。

A. 帮助组织满足顾客要求

B. 帮助组织满足适用的法律法规要求

C. 提供持续改进的框架

D. 以上都是

328. (　　) 工作会导致库存过剩。

A. 平衡生产线

B. 只在必要时间生产必要数量的产品

C. 提前生产

D. 盲目追求高稼动率

329. 下列 (　　) 属于微缺陷。

A. 污垢　　B. 废料

C. 停机　　D. 损坏

330. “三不”原则中的“不制造不良”是指 (　　)。

A. “异常”停止，强化质量意识

B. 尽早感知“异常”，防止“不良”发生

C. 通过检查，不让“不良”流出

D. 检验发现的问题，快速追溯

331. 班组原始记录管理包括记录、管理和 (　　) 三个方面内容。

A. 统计　　B. 分析

C. 统计分析　　D. 存档

332. 在生产过程质量管控中，公司通过标准化作业、防错技术、可追溯管理、不合格品管理、质量信息的快速处置，并运用

( )，加强关键过程的管理、计量器具的管理等，实现了生产过程的过程稳定。

A. 测量系统分析　　B. FMEA

C. 统计过程控制　　D. 安灯系统

333. 确保产品质量符合规范和标准属于（ ）。

A. 全面质量管理　　B. 早期质量管理

C. 统计质量控制　　D. 质量检验

334. 传统质量管理阶段也称为（ ）的质量管理。

A. 操作者　　B. 检验员

C. 统计专家　　D. 全员参加

335. 统计质量控制阶段也称为（ ）的质量管理。

A. 操作者　　B. 检验员

C. 统计专家　　D. 全员参加

336. 班组原始记录是运用（ ），按照规定的表格形式，对企业各类生产经营活动所做的最初的直接记录。

A. 数字和图表　　B. 文字和图表

C. 图表和图片　　D. 数字和文字

337. 质量检验是通过对产品（ ）的观察和判断，结合测量、试验所进行的符合性评价活动。

A. 使用性能　　B. 质量特性

C. 外观质量　　D. 内在质量

338. 物料运至使用地之前在指定区域的固定位置存放称为（ ）。

A. 成品存放区　　B. 半成品存放区

C. 外协件存放区　　D. 临时物料存储区

339. 5S 中的所谓“整顿”是指（ ）。

A. 明确区分需要的物品和不需要的物品

B. 任何人都可以轻松地在必要的时间找到必要的物品

C. 维持清洁有序的职场状态

D. 培养遵守规则，自主自律推行 5S 的人才

340. 质量改进的第一步“现状调查”是为了（ ）。

A. 为目标设定提供依据　　B. 为原因分析提供依据

C. 为制定对策提供依据　　D. 为效果检查提供依据

341. 问题要因确定后，下一步要做的工作是（ ）。

A. 现状分析　　B. 制订计划

C. 问题总结　　D. 制定对策

342. 服务质量就是满足顾客需求，并且一次性把事情做对。如铁路运输中，“（ ）、准确、正点”等基本要求。

A. 安全　　B. 微笑

C. 无误　　D. 事故

343. 产品生产周期中的时间，不包括（ ）。

A. 作业时间　　B. 多余时间

C. 无效时间　　D. 必需时间

344. 狭义上的 BOM 是指（ ）。

A. 工艺清单 B. 作业清单

C. 物料清单 D. 设备清单

345. 物品的摆放一般先根据（ ）进行摆放。

A. 物品的常用程度 B. 物品的形状分类

C. 物品的数量 D. 物品的颜色

346. 精益生产线布置时，对设备的要求描述错误的是（ ）。

A. 设备要落地生根

B. 设备的管线要整齐并有柔性

C. 物品在加工时的出入口要一致化

D. 小型化的设备

347. 班组生产组织主要包括生产过程组织和（ ）。

A. 劳动过程组织 B. 人员组织

C. 物资调配 D. 资金准备

348. 按生产活动的范围大小，（ ）生产管理，是指对全部生产系统的管理，是与产品生产密切相关的各项管理工作的总称，涵盖基本生产、辅助生产和生产服务活动。

A. 狭义的 B. 广义的

C. 系统的 D. 以上都是

349. 班组管理看板是摆放在工作现场的、用于展示班组动态、生产异常并辅助班组管理的公示板。关于班组管理看板的使用要求，以下说法中不正确的是（ ）。

A. 指定一名负责人填写看板数据，其他人干好本职工作，无须关注

B. 明确规定每张图表的责任人、更新时间、计算公式、管理流程等

C. 系统管理班组工作，关注薄弱环节，展示最需要管控的方面并彻底解决

D. 易填易读，使用图表，字迹清晰，动态展示，及时更新数据和内容

350. 根据原因之间的亲近程度进行分类、整理、归纳和总结各种意见、观点和想法的工具方法是（ ）

A. 关联图　　B. 亲和图

C. 系统图　　D. 因果矩阵

351. 放行不符合规定要求的产品，必须有（ ）的批准。

A. 有关授权人员　　B. 接收产品的顾客

C. 下道工序　　D. 有关执法部门

352. 有效的确定要因的方法是（ ）。

A. 举手表决法　　B. “0、1” 打分法

C. 现场试验　　D. 头脑风暴法

353. 以稳定工序质量、改进产品质量、降低消耗、改善生产环境为目的而成立的 QC 小组，称为（ ）QC 小组。

A. 攻关型　　B. 创新型

C. 现场型　　D. 管理型

354. QC 小组以稳定生产工序质量，改进产品、服务、工作质量，降低消耗，改善现场环境等为选题范围的课题是（　）。

A. 攻关型课题　　B. 创新型课题

C. 现场型课题　　D. 管理型课题

355. 无须进行现状调查的情况有两种，一是指令性目标，二是（　）。

A. 创新型课题　　B. 管理型课题

C. 现场型课题　　D. 服务型课题

356. 现场管理的“三现主义”指的是现场、现物和（　）。

A. 现状　　B. 现在

C. 现实　　D. 现有

357. QC 小组活动成员要以（　）为依据，进行判断和开展工作。

A. 确保生产　　B. 现象

C. 现象对策　　D. 事实、数据

358. QC 小组活动过程中，通常选定课题后进入（　）。

A. 原因分析　　B. 目标设定

C. 现状把握　　D. 制定对策

359. “找出问题的症结，为确定目标值提供依据”是对 QC 小组活动中（ ）的诠释。

A. 选定课题　　B. 设定目标

C. 现状调查　　D. 要因确认

360.《产品质量法》规定（ ）应承担产品质量责任。

A. 产品生产者、销售者　　B. 消费者

C. 消费者协会　　D. 检验人员

361. 制造型企业的主要增值环节是（ ）。

A. 搬运　　B. 加工

C. 销售　　D. 质量控制

362. 现场质量管理系统的人员不包括（ ）。

A. 作业者　　B. 监督者

C. 销售者　　D. 管理者

363. 关于 QC 小组活动正确的说法是（ ）。

A. 激励不到位，小组活动无法持续开展下去

B. 主要靠员工自主参加、自主活动

C. 小组活动能提高员工的工作满意度

364. 当 QC 小组成员发生严重分歧时，应优先考虑（ ）。

A. 鼓励他们为了小组的和谐忽略分歧

B. 通过沟通，消除分歧达成一致

C. 小组内尽快投票决定

D. 寻求小组外部力量解决

365. 一般来说，QC 小组计算经济效益的时间范围是（　）。

A. 一年　　B. 两年

C. 小组注册周期　　D. 活动期（含巩固期）

366. 班组长负责对新进入本班组员工进行（　）。

A. 安抚教育　　B. 说服教育

C. 心理疏导　　D. 安全教育

367. 使每个物品都有自己固定的行迹图案，且摆放规范、整齐，能一目了然地找到，这是目视化管理的（　）。

A. 颜色管理　　B. 形迹管理

C. 信号管理　　D. 红牌管理

368. 产品质量责任是一种综合的（　）。

A. 法律责任　　B. 民事责任

C. 刑事责任　　D. 行政责任

369. 适用性质量是（　）的观点。

A. 克劳斯比　　B. 朱兰

C. 休哈特　　D. ISO9000 给出

370. 需要确认的生产和服务提供过程是（　）。

A. 特殊过程

B. 关键过程

C. 需要投入很多资源的过程

D. 生产和服务提供过程的输出不能由后续的监测和测量加

以验证的过程

371. 5S 管理的最终目的是让员工有好的（　）。

A. 素养　　B. 整理习惯

C. 学习习惯　　D. 清扫习惯

372. 因果图的作用是（　）。

A. 寻找产品质量的主要问题

B. 分析两个变量间的相关关系

C. 寻找影响质量的原因

D. 显示质量波动分布的状态

373. 对于普通螺栓连接，在拧紧螺母时，螺栓所受的载荷是（　）。

A. 拉力和扭矩　　B. 扭矩

C. 压力　　D. 拉力

374. 质量特性包括功能、（　）、可靠性、安全性等。

A. 准确性　　B. 正确性

C. 严密性　　D. 功用

375. 六西格玛管理的改进流程 DMAIC 分别是定义、测量、（　）、改善、控制。

A. 分析　　B. 优化

C. 验证　　D. 固化

376. 某下水道是多间化工厂污水的集中排出管道，进入该下水道清理沉积物时可能接触硫化氢、甲烷等毒物。为防止中毒，工作人员必须佩戴（ ）。

A. 防护头盔 B. 过滤防毒面具

C. 氧气呼吸器 D. 纱布口罩

377. QC 小组开展活动要遵守工作流程，活动中的第一步是（ ）。

A. 制订计划 B. 确定目标

C. 要因分析 D. 明确主题

378. QC 小组活动中的（ ）是确定问题要解决的程度。

A. 制订计划 B. 确定目标

C. 要因分析 D. 标准化

379. 为了防止问题的再发生，在 QC 活动中采用的步骤是（ ）。

A. 制订计划 B. 确定目标

C. 要因分析 D. 标准化

380. QC 小组活动步骤中，（ ）承上启下，也是 QC 小组活动步骤中非常重要的环节。

A. 选定课题 B. 现状调查

C. 要因确认 D. 目标设定

381. 在 QC 小组活动中，（ ）是为目标设定而进行的问题症结查找。

A. 选定课题 B. 现状调查

C. 要因确认 D. 目标设定

382. 若超过规定的特性值要求，将会直接影响产品安全性或造成产品整机功能丧失的质量特性属于（ ）。

A. 关键质量特性　　B. 重要质量特性

C. 一般质量特性　　D. 次要质量特性

383. 对停止活动持续半年或（ ），没有任何成果的 QC 小组，应予注销。

A. 半年　　B. 一年

C. 一年半　　D. 两年

384. 1978 年，（ ）在学习日本的全面质量管理经验的基础上，诞生了我国第一个 QC 小组。

A. 北京内燃机总厂　　B. 宝钢

C. 一汽　　D. 大众

385. 现地、现物指：不是在桌面上的讨论，而是（ ）、确认实际状态，一边开展工作的一种姿态。

A. 一边查看现场实物　　B. 一种视察的方法

C. 一种调研的方法　　D. 一种问题解决的方法

386. 生产作业计划涉及每个作业人员的工作分配及产能设定，除了考虑生产所需生产设备等作业限制因素外，必须遵循的依据是（ ）。

A. 企业最高领导者的要求

B. 不同产品的制造循环时间

C. 依据顾客需求所确定的生产节拍

D. 生产线设计能力

387. “企业依存于客户，因此应当理解客户当前和将来的需求，充分满足客户的需求，并极力设法超越客户的期望。”这句话反映了 ISO 质量管理中的（　）原则。

A. 全面参与　B. 领导作用

C. 以客户为中心　D. 持续改进

388. 对 QC 小组活动成果的评审，应（　）。

A. 不仅要看经济效益，也要看社会效益

B. 以经济效益为唯一依据

C. 以社会效益为唯一依据

D. 不看经济效益

389. 精益是一种实践、方法、工具，更是一种思想，其思想核心是（　），创造最大的价值，杜绝一切浪费。

A. 以最佳的人力　B. 以最少的时间

C. 以先进的设备　D. 以最小的资源

390. 标准作业测时表不仅记录正常作业时间，同时也要记录（　）。

A. 结束时间　B. 标准工时

C. 异常原因及时间　D. 开工时间

391. 作业人员应具备必要的（　）和技能，具备相关法律法规、标准制度规定的工作资格。

A. 特种作业证　B. 安全生产知识

C. 应急管理能力　　D. 安全管理知识

392. 企业在进行能源管理体系策划时，以下（　）不是必需的。

A. 策划结果形成文件　　B. 选择专业的咨询机构

C. 应与能源方针保持一致　　D. 应包含能源评审要求

393. 精益生产组织生产过程的基本做法是（　）。

A. 严格按计划生产　　B. 适当超量生产

C. 用拉动式替代推动式管理　D. 收到订单再进行生产

394. ISO 9004 是（　）。

A. 说明性的标准

B. 用于体系认证的标准

C. 用于组织绩效改进的标准

D. 提供审核质量管理体系和环境管理体系的指南

395. 七大浪费中不必要动作的优化措施，以下描述错误的是（　）。

A. 优化工序作业项　　B. 运用 ECRS 法

C. 优化料架摆放　　D. 降低人员作业时长

396. 5S 中（　）的方法能一眼分出不必要品与必要品，使改善日期一目了然，引起注意，对于不要的物品及时清理。

A. 定点摄影　　B. 红牌作战

C. 油漆战　　D. 形迹化

397. 通常所说的六西格玛质量水平对应 3.4ppm 缺陷率是考虑了过程输出质量特性的分布中心相对目标值（　）偏移。

A. 没有　　B. 有 1 σ

C. 有 1.5 σ　　D. 有 2 σ

398. 在关联图中寻找末端原因的方法是看箭头的流向状态，箭头（　）是末端原因。

A. 有进无出　　B. 有出无进

C. 有进有出

399. 加工质量的波动是（　）。

A. 可以避免的

B. 不可避免的

C. 有时可以避免的

D. 有充分的预防措施就不会发生

400. 特性要因图的别名是（　）。

A. 帕累托图　　B. 矩形图

C. 鱼刺图　　D. 分布图

401. 查看两个变量之间的关联性常用的统计方式是（　）。

A. 亲和图　　B. 帕累托图

C. 鱼骨图　　D. 散布图

402. 多元分析的作用是（　）。

A. 从多个角度通过图表观察造成过程绩效指标变异的原因

B. 进一步观察过程短期与长期能力间的差距及造成差距的主要原因

C. 与方差分析一起使用，可以明确过程变异的根本原因

D. 以上都是

403. 拉动系统是用户基于（　）要求以明确的时间、地点和数量交付某种产品的补给。

A. 系统　　B. 库存

C. 预计产量　　D. 消耗量

404. 在典型的批量生产和排队过程中，（　）是制造提前期的典型增值组件。

A. 排队　　B. 移动时间

C. 运行时间　　D. 等待时间

405. 对供应商的供货抽样检查，实施抽检 15 件，有 3 件不合格，应该对该批供货进行（　）。

A. 再抽检 15 件　　B. 再抽检 25 件

C. 再抽检 30 件　　D. 全部检查

406. 关于班组消除浪费的方法，下列说法不正确的是（　）。

A. 注意生产安全　　B. 充分利用场地

C. 增加运输　　D. 消除返工现象

407.（　）是将实际的质量特性与根据过去经验所建立的制程能力的管制界限比较，根据时间的先后或制品全体号码的次序，判别产品质量是否安定的一种图形。

A. 直方图　　B. 控制图

C. 折线图　　　　　　　　D. 柱状图

408. 在对问题进行分析的过程中，经过验证导致问题发生的且消除后问题不会重复再发生的原因，我们称之为（　）。

A. 末端因素　　　　　　　B. 可能原因

C. 真正原因　　　　　　　D. 最有可能的原因

409. 5S 是现场管理的一大利器，在改善生产环境，提高作业效率，提升员工素质等方面效果显著，但是“刀不磨即钝”，只有长期坚持才能发挥实效，其中将工作制度化、标准化的是（　）。

A. 清扫　　　　　　　　　B. 清洁

C. 整顿　　　　　　　　　D. 整理

410. 5S 是整理、（　）、清扫、清洁、素养。

A. 简化　　　　　　　　　B. 重排

C. 整顿　　　　　　　　　D. 重组

411. QC 小组活动的结果一定要进行（　）。

A. 报告领导　　　　　　　B. 标准化

C. 整顿　　　　　　　　　D. 修改文件

412. 定置管理的六个阶段顺序是整理、（　）、清扫、清洁、素养、安全。

A. 简化　　　　　　　　　B. 重排

C. 整顿　　　　　　　　　D. 整合

413.（ ）就是将零部件、工具、夹具等物品，在地面上、墙壁上、桌子上、机器旁等地方，按其投影的形状绘图进行定位标识，使其易于取用和归位的一种管理方法。

A. 定置管理　　B. 整顿

C. 整理　　D. 形迹管理

414. 5S 管理中的区分有用无用、一去一留的内容是（ ）。

A. 整顿　　B. 清扫

C. 整理　　D. 清洁

415. QC 小组活动总结回顾常用图表是（ ）。

A. 调查表　　B. 简易图表

C. 直方图　　D. 控制图

416. 用于找出“两者之间的关系”，是 QC 七大工具中的（ ）。

A. 检查表　　B. 散布图

C. 直方图　　D. 控制图

417. 用于找出“重要的少数”，是 QC 七大工具中的（ ）。

A. 排列图　　B. 因果图

C. 直方图　　D. 控制图

418. 看板是将产品编号、产品名称、数量、库存地点、消耗地点、看板周转张数等信息集中反映在某一载体上，作为下道工序向上道工序取货的依据，同时也是生产线组织生产的（ ）。

A. 指示　　B. 指导

C. 指定　　D. 指令

419. 各作业部门的班组必须设立指导书专（兼）职管理人员，负责（　）书的归档、保存。

A. 指挥　　B. 指导

C. 指令

420. 生产经营单位应当建立安全生产教育和培训（　），如实记录安全生产教育和培训的时间、内容、参加人员以及考核结果等情况。

A. 方案　　B. 办法

C. 制度　　D. 档案

421. 标准作业就是明确安全的、低成本的生产优良产品所必需的（　）方法。

A. 使用　　B. 改善

C. 制造　　D. 设计

422. 下列属于动作浪费的是（　）。

A. 转身　　B. 忙闲不均

C. 制造过多　　D. 精度过高

423.（　）不是生产管理中的生产三要素。

A. 交付　　B. 成本

C. 质量　　D. 人员

424. 编制作业要领书要综合考虑安全、（　）、作业速度等因素。

A. 设备　　B. 工装

C. 质量　　D. 工具

425. 通过（　）观察、视频分析、价值流图等方法识别现场的改善点。

A. 作业　　B. 现场

C. 质量　　D. 以上都不是

426. 下列（　）工作属于 JIT 管理范畴。

A. 考勤管理　　B. 零库存管理

C. 质量保证　　D. 小批量生产

427. 质量管理中，致力于制定质量目标并规定必要的运行过程和相关资源以实现质量目标的活动是（　）。

A. 质量策划　　B. 质量控制

C. 质量保证　　D. 质量改进

428. 著名的质量管理专家朱兰提出的“质量管理三部曲”是指（　）。

A. 质量保证、质量控制、质量改进

B. 质量控制、质量保证、质量改进

C. 质量策划、质量控制、质量改进

D. 质量策划、质量改进、质量保证

429. 作为现场质量保证体系的基础，用于确定各生产线 / 班组的重要质量控制点的工具是（　）。

A. 安全隐患整改　　B. 质量标准

C. 质量处罚　　D. 不良品处理

430. 下列关于质量方针的方法表述不正确的是（　）。

A. 质量方针是指由组织的最高管理者正式发布的该组织总的质量宗旨和质量方向

B. 质量方针是企业经营总方针的组成部分

C. 质量方针是企业管理者质量的具体要求和指令

D. 企业最高管理者应确定质量方针并形成文件

431.（　）是质量管理的一部分，致力于增强满足质量要求的能力。

A. 质量策划　　B. 质量控制

C. 质量改进　　D. 质量分析

432. 质量方针是一个组织总的质量宗旨和方向，应由组织的（　）批准。

A. 上级机关　　B. 最高管理者

C. 质量管理办公室主任　　D. 总工程师

433.（　）规定每个职能部门和每个岗位的员工在质量工作中的职责和权限，也是与考核奖惩相结合的一种质量管理制度和管理手段。

A. 标准化工作　　B. 计量工作

C. 质量记录　　D. 质量责任制

434. 形迹管理就是将零部件、工具、夹具等物品，在其地面上、墙壁上、桌子上、机器旁等地方，按其投影的形状绘图进行定位标识，使其易于（　）的一种管理方法。

A. 定置管理　　B. 整顿

C. 整理　　D. 取用和归位

435. 早期的质量检验要件是在产品制造出来后才进行的，在大批量生产的情形下，由于事后检验信息反馈不及时造成了庞大的生产缺失，由此促进了（　）的应用。

A. 质量调控理论　　B. 质量控制理论

C. 质量监测理论　　D. 质量检验理论

436. “致力于满足质量要求”是指（　）。

A. 质量管理　　B. 质量策划

C. 质量控制　　D. 质量改进

437. 班组质量管理是指产品加工和服务提供过程的（　）。

A. 质量管理　　B. 质量实施

C. 质量控制

438. 生产现场目视分类主要包括的类别有：物品目视管理、作业目视管理、设备目视管理、（　）、安全目视管理。

A. 着装目视化　　B. 桌椅的目视化

C. 质量目视管理

439. 5S 活动是（　）的责任。

A. 总经理　　B. 推行小组
C. 中层干部　　D. 公司全体员工

440. 下道工序对上道工序流转过来的产品进行抽检称为（　）。
A. 自检　　B. 互检
C. 终检　　D. 以上都不是

441. 动作浪费是指在生产作业过程中，人和设备进行（　）的动作而产生的浪费。
A. 吃力　　B. 无附加价值
C. 重复　　D. 危险

442.（　）不属于 ECRS 改善四原则。
A. 取消　　B. 合并
C. 重排　　D. 复杂

443. "适用性"的观点是由（　）提出来的。
A. 戴明　　B. 菲根堡姆
C. 朱兰　　D. 休哈特

444. 最早提出全面质量管理概念的是（　）。
A. 菲根堡姆　　B. 休哈特
C. 朱兰　　D. 戴明

445. 美国著名的质量管理专家（　）从顾客的角度出发，提出了产品质量就是产品的适用性，即产品在使用时能成功地满足用户需要的程度。

A. 戴明博士

B. 彼得·德鲁克

C. 朱兰博士

D. 弗雷德里克·温斯洛·泰勒

446. 全面质量管理方法中，(　　) 是揭示和表达质量特性波动与其潜在原因的关系，即因果关系的一种图表。

A. 统计分析表　　B. 措施计划表

C. 主次因素排列图　　D. 因果分析图

447. 组织的顾客和其他相关方对组织的产品、过程和体系的要求是随着时间不断变化的，这体现了质量的 (　　)。

A. 时效性　　B. 广泛性

C. 主观性　　D. 相对性

448. 在变量间关系分析手段的选择中，如果过程数据 X 是计数型数据，结果数据 Y 是计量型数据，可以运用的图解是 (　　)。

A. Pareto chart　　B. 散点图

C. 柱状图　　D. 箱线图

449. 班组现场的质量检验方式，可以是检验人员“(　　)”，班组内人员“互检”和操作人员“自检”，通常称为“三检”。

A. 自检　　B. 互检

C. 专检　　D. 他检

450. QC 小组活动中，不属于明确问题阶段常用的方法是 (　　)。

A. 因果图　　B. 排列图

C. 直方图　　D. 控制图

451. 作业改善是通过作业观察，找出勉强、不均衡、(　　)。

A. 浪费　　B. 不安全动作

C. 不合理的标准手持　　D. 错乱的手顺

452. 在质量管理所需的所有资源中，最根本的资源是(　　)。

A. 原材料　　B. 设备

C. 专业技能　　D. 人力资源

453. 当接到异常报告时，班长首先采取的行动是(　　)。

A. 三现主义　　B. 作业观察

C. 追溯　　D. 对策

454. 拉动看板是实现生产(　　)的管理工具。

A. 自働化　　B. 智能化

C. 准时化　　D. 自动化

455. 准时化与传统生产系统对库存有着不同的认识，体现在(　　)。

A. 准时化将库存视为缓冲器

B. 准时化将库存视为资产

C. 准时化认为库存掩盖了生产管理的问题

D. 准时化认为库存占用资金和空间

456. “只在必要的时间生产必要数量的必要产品”是对精益生产

中（　）的诠释。

A. 均衡化　　B. 平稳化

C. 自动化　　D. 准时化

457. “三自一控”活动是指操作者（　）的活动。

A. 自检、自隔、自做标记和控制自检正确率

B. 自检、自分、自做标记和控制不合格品使用

C. 自检、自隔、自做标记和控制不合格品使用

D. 自检、自分、自做标记和控制自检正确率

458. 在描述数据集中程度的特征值中，均值是其中的一个，如果样本的均值有少许提高，则表明（　）。

A. 总体均值提高

B. 总体均值不变

C. 总体均值下降

D. 尚不能确定总体均值是否有显著性变化

459. 在班组每日生产过程中，一个好的作业方案和（　）往往是任务高效完成的首要条件。

A. 环境　　B. 计划

C. 组织　　D. 设备

460.（　）不属于现代企业班组管理特点。

A. 结构“小”与管理“细”

B. 业务“全”与内容“实”

C. 组织水平的“升”和团队的“育”

D. 带领员工“超额、高效、优质、节约、安全”地完成生产任务

461. 现场质量管理中，班组长的基本任务是（　）。

A. 带领本班组员工理解并实现本班组的质量目标

B. 熟悉本班组各岗位操作规程

C. 组织自检、互检、巡检，做好过程检验工作

D. 以上都是

462. 所谓“全面质量”不仅是指（　），同时还包括与产品相关的一切过程的质量，涵盖产品的整个寿命周期。

A. 残次品　　B. 半成品

C. 最终产品　　D. 以上都是

463. 工序内保证质量应遵循（　）等原则。

A. 自我检查质量

B. 实施质量的相互确认

C. 遵守作业标准、实施标准作业

D. 改善难操作的作业

464. 作业前要组织班组员工学习各类（　），严格对照标准进行班组生产管理作业，做到作业标准、质量达标，切实将标准化作业落实到每个职工的具体工作中去。

A. 上级精神　　B. 班组要求

C. 作业标准　　D. 作业计划

465.（　）不是标准时间测定包含的主要因素。

A. 正常的操作条件

B. 作业者要有良好的熟练程度

C. 作业标准规定的方法

D. 适合少数作业者的劳动强度与速度

466.（　）是一个动态管理科学，通过优化生产现场的条件，科学地利用空间，提高工作效率和经济效益。

A. 四定管理　　B. 定置管理

C. 作业标准化　　D. 现场管理

467. 用于观察现场员工作业行为的规范性，即是否遵守各项标准的工具是（　）。

A. 员工自检　　B. 产品检查

C. 作业观察　　D. 工艺参数控制

468. 班组长抓生产控制的三个重点是（　）。

A. 自控、互控、他控

B. 组织纪律、作业纪律、工时纪律

C. 作业控制、质量控制、人员行为控制

D. 班前控制、班中控制、班后控制

469. 生产作业人员的操作依据是（　）。

A. 检验规范　　B. 作业指导书

C. 作业流程图　　　　D. 检查表

470. 作业人员安全意识淡薄主要体现在（　）。

A. 作业人员没有树立安全意识，安全第一思想移位，不遵守安全规章，存在侥幸心理，养成了惯性违章习惯

B. 工作不认真，心不在焉，不考虑自身及他人安全，简化作业程序

C. 作业人员岗位技能不扎实，应变能力差，未掌握相关安全作业标准及防护知识，缺乏安全防护技能

D. 以上都是

471.（　）属于作业日报的管理。

A. 作业日报的不常见问题　　B. 作业日报的设计要求

C. 作业日报的填写　　D. 作业日报的管理

472. 作业过程管理包括四个部分：作业准备、（　）、作业实施、作业结束。

A. 作业文件管理　　B. 作业过程管理

C. 作业许可　　D. 作业风险评估

多项选择题

1. 下列说法准确的有（　　）。

A. T.T 是生产节拍，受设备、人员生产能力影响

B. C.T 是生产一个零件的实际作业时间

C. C.T ＜ T.T 有等待浪费

D. C.T ＞ T.T 中间在制品过多浪费

2. 循环时间 C.T 是指作业者进行标准作业毫不困难的、最快一个循环的实际作业时间，其理解要点正确的有（　　）。

A. C.T 指按作业顺序进行一个循环实际作业的最短时间，实际观察写实取值为平均时间值或频次比较高的时间值

B. C.T 是现场写实（工序时间观察记录）的结果

C. C.T 与生产线的设备能力、作业人数无关

3. 质量的五大工具包含（　　）。

A. SPC　　B. MSA

C. FMEA　　D. PPAP

E. APQP　　F. PSO

4. 节拍 T.T 是指应该用多长时间生产一个或一件产品 / 零件的目标时间值，其理解要点正确的有（　　）。

A. T.T 是根据产能规划（客户需求）或目前的产能目标确定的

B. T.T 是设计或计算出来的目标时间值

C. T.T 与生产线的设备能力、作业人数有关

5. 企业班组长在生产经营活动中的过程管理主要包括（　　）。

A. 生产技能

B. 减少物耗（成本）

C. 安全

6. 生产经营单位的从业人员有权了解其作业场所和工作岗位存在的（　　），有权对本单位的安全生产工作提出建议。

A. 危险因素　　B. 防范措施

C. 安全措施　　D. 事故应急措施

7. 服务特性的设计需要考虑（　　）。

A. 功能性　　B. 时间性

C. 安全性、经济性　　D. 舒适性、文明性

8. 下列属于加工过度浪费的是（　　）。

A. 为不需要的工序和不需要的作业增加人员和工时数

B. 库存增加

C. 按照过去的习惯操作，不加以改善

D. 资金周转率低下

9.《质量发展纲要（2011—2020年）》的指导思想是（　　）。

A. 把安全为先作为质量发展的基本要求

B. 把诚信守法作为质量发展的重要基石

C. 把夯实基础作为质量发展的保障条件

D. 把创新驱动作为质量发展的强大动力

E. 把以质取胜作为质量发展的核心理念

10. 下列属于原始记录的内容是（　）。

A. 班组生产使用的原材料、辅料、消耗品等消耗记录

B. 班组生产工程记录

C. 班组生产效益过程记录

D. 班组生产设备运转成本折旧记录

11. 班组作业控制主要内容包括（　）。

A. 班组作业计划的控制　　B. 班组工艺技术质量的控制

C. 班组生产信息的控制　　D. 班组在制品流转的控制

12. 下列属于搬运浪费的是（　）。

A. 空车搬运　　B. 空间的浪费使用

C. 搬运距离过远　　D. 搬运次数过多

13. 构成生产前置期的三个要素是各制造过程中特定批量产品的（　）。

A. 加工时间　　B. 等待时间

C. 搬运时间　　D. 节拍时间

14. 企业推行标准作业的目的是（　）。

A. 提高生产效率　　B. 保证产品质量

C. 保障安全生产　　D. 保证交货期

15. 生产过程中发现不合格品的处置步骤包括隔离、（　）、审核和处置。

A. 标识　　B. 记录

C. 报废　　D. 返修

16. 生产管理板在使用时的注意事项有（　）。

A. 时间段划分和计划产量要求在上岗前进行填写

B. 班组长签字确认后，车间主任不需要再次确认

C. 备注信息要填写异常发生的原因、措施及问题得到解决的时间

D. 内容填写要保证完整性和准确性

17. ABC 库存分类步骤为（　）。

A. 收集数据　　B. 处理数据

C. 编制 ABC 分析表　　D. 确定分类

E. 绘制 ABC 分析图

18. 可以明确作业各步骤的操作时间、步行时间，进而达到改善作业目的的文件有（　）。

A. 标准作业组合票

B. 标准作业票

C. 标准作业要领书

19. 所谓标准三票是（　）。

A. 时间观测表　　B. 工序能力表

C. 标准作业组合票　　D. 标准作业票

E. 作业指导书

20. 消除生产过剩的对策有（　）。

A. 小批量生产　　B. 与顾客充分沟通

C. 不生产　　D. 均衡化生产

21. 企业生产节拍与（　）紧密相连。

A. 市场销量　　B. 有效工作时间

C. 材料　　D. 工具

22. 由质量因素引起的波动分为偶然波动和异常波动，下述说法中错误的是（　）。

A. 偶然波动可以避免

B. 偶然波动是过程本身固有的

C. 采取措施可以消除异常波动

D. 采取措施不可以消除异常波动

23. 由质量因素引起的波动分为偶然波动和异常波动，下述说法中正确的是（　）。

A. 偶然波动可以避免

B. 偶然波动是过程本身固有的

C. 采取措施可以消除异常波动

D. 采取措施不可以消除异常波动

24. 对生产现场工装使用描述正确的是（　）。

A. 量具必须要有合格证才能使用，要定期交检，不超期使用

B. 当刀具达到工艺规定的加工数量时，即使机床的切削参数

不变或者被加工零件状态稳定，也必须换刀

C. 操作人员在现场使用量检具时，若量检具临时出现问题可自行检查拆修，不能解决的要立即通知工装管理人员组织修理

D. 工具不允许放在机床上，确因使用频繁，不便往货架上放置的个别小型刀具及工具，可以放在机床的表面上

25. 对生产现场发生的作业，描述正确的是（　）。

A. 使用叉车叉取工件时，叉件升起高度不得超过全车高度的三分之二

B. 操作叉车下坡时可不靠助力，依靠叉车自身重力滑行

C. 叉车载物高度影响前行视线时，可低速倒车行驶

D. 叉车行驶时，货叉底端距地面高度应保持 300~400 毫米

26. 标准作业测时必须针对同一（　）进行测时。

A. 操作者　　B. 设备

C. 产品　　D. 时间

27. “可追溯性”是指追溯客体的历史、应用情况或所处位置的能力，应当考虑（　）。

A. 原材料和零部件的来源

B. 加工的历史

C. 产品和服务交付后的分布和所处位置

D. 加工后的材料名称

28. 在数据分类中，按照数据的属性有计量数据和计数数据两种，（　）属于计数数据。

A. 产品合格率　　B. 热处理的油温

C. 产品上的缺陷数　　D. 不合格零件数

29. 绘制价值流图前首先要确定产品族，可以通过（　）选定产品族。

A. 产品种类分析　　B. 产品数量分析

C. 产品性能分析　　D. 产品路径分析

30. 生产过剩会产生的后果包括（　）。

A. 材料零件提前占用　　B. 问题追溯困难

C. 产生大量的库存　　D. 搬运车辆的增加

31. 根据工作任务，备料包括（　）。

A. 数量　　B. 规格 / 型号

C. 厂家　　D. 名称

E. 单位

32. 改善提案活动参与流程是指（　）。

A. 发现问题　　B. 实施改善

C. 成果申报　　D. 获得激励

33. 生产按专业化程度分类可分为（　）。

A. 单件生产　　B. 备货生产

C. 成批生产　　D. 订货生产

E. 大量生产

34. 5S 活动推进的原则是（　）。

A. 后期自我管理的原则　　B. 厉行节约的原则

C. 持之以恒的原则　　D. 前期强制执行的原则

35. 设计制作查验表时要遵循统一的方式进行资料和数据的收集，包括统一（　）。

A. 颜色　　B. 语言

C. 尺寸　　D. 单位

E. 表达形式　　F. 术语

36. 5S 管理的作用是（　）。

A. 减少班组长工作量　　B. 提升企业形象

C. 促进标准化管理　　D. 增强员工的归属感

E. 提高工作效率

37. 下列现象属于动作浪费的有（　）。

A. 走动　　B. 无穷无尽的精益求精

C. 大量库存　　D. 单手空闲

E. 大量地弯腰、抬头和取物

38. 为抓住问题的特征，质量改进的掌握现状步骤中需要调查的是（　）等要点。

A. 对象　　B. 时间

C. 地点　　D. 种类

39. 生产现场的浪费有生产过剩的浪费、制造不良的浪费、(　)、库存的浪费。

A. 加工过度的浪费　　B. 搬运的浪费

C. 等待的浪费　　D. 动作的浪费

40. 标准作业识别操作过程中常见的浪费现象有(　)。

A. 动作浪费　　B. 延迟浪费

C. 等待浪费　　D. 走动浪费

41. (　)是精益生产方式追求的无止境的尽善尽美的目标。

A. 无废品　　B. 零库存

C. 低成本　　D. 产品多样化

42. 班组在制品管理的内容包括(　)。

A. 班组线边仓管理　　B. 工序间存货

C. 低值易耗品　　D. 报废回用物料

43. PDCA 循环的四个阶段是计划、实施、检查、处理，下列关于四个阶段的说法，正确的是(　)。

A. 第一阶段，计划。确定管理目标、活动计划和管理措施方案

B. 第二阶段，实施。贯彻执行计划，组织班组员工实实在在地去干

C. 第三阶段，检查。班组长要检查员工是否做了，进度如何、效果怎样

D. 第四阶段，处理。班组长要时刻关注员工在执行计划的过程中是否目标偏离，是否达到预期效果。纠正偏离目标的行动。肯定成功的经验，并使之标准化

44. 操作者违反标准作业应采用（　）等管理措施。

A. 警告　　B. 离岗培训

C. 调离岗位　　D. 解聘

45. 点检准备的要求有（　）。

A. 定点、定项　　B. 定标、定周期

C. 定法、定人　　D. 定表单、定记录

46. 下列关于班组点检准备的要求，正确的是（　）。

A. 定点和定项　　B. 定标和定周期

C. 定法和定人　　D. 定表单和定记录

47. 专职三检制中的首检是指操作者和检验人员分别对首件加工出来的产品进行检验。以下有关首检的描述正确的有（　）。

A. 首检是指每个生产班次加工的第一个工件

B. 有些产品首件可以规定为开始的头几件

C. 对于首检，操作者自检合格后送检验人员专检

D. 首检通过检验人员检验并开具合格证明后，方能继续加工或作业

48. 不合格品控制系统包括（　）。

A. 标识系统　　B. 预防系统

C. 遏制系统　　D. 沟通系统

49. 下列属于看板类型的是（　）。

A. 设备看板　　B. 品质看板

C. 发货看板　　D. 下料看板

50. 4M 变化点的管理要素主要有人员、（　）。

A. 设备工具　　B. 材料

C. 方法　　D. 环境

51. 企业生产现场管理是由（　）、人员、材料、设备六大要素组成的。

A. 资金　　B. 环境

C. 方法　　D. 信息

52. 标准化是改善的基础，标准化可以（　）。

A. 作为训练的基础

B. 作为诊断的基础

C. 防止错误再发生及变异的最小化

D. 是降低成本的途径

53. 整理的目的是（　）。

A. 腾出空间，精简现场，充分利用空间

B. 节约时间，减少无用的管理

C. 防止误用无关的物品

D. 营造清爽的工作场所

54. 5S 中整顿的三个要素是（　）。

A. 放置场所　　B. 放置品名

C. 放置时间　　D. 放置数量

55. 服务不同于有形产品的基本特征包括（　）。

A. 无形性　　B. 非重复性

C. 非储存性　　D. 非运输性

56. 流动生产线可以将（　）多个方法并用，使作业时间趋于一致。

A. 压缩　　B. 转移

C. 分解　　D. 消除

57. 生产进度控制的步骤包括（　）。

A. 衡量实际进展　　B. 持续改进

C. 分析偏差原因　　D. 绩效考核

E. 确定标准或目标　　F. 纠正整改

58. 班组长现场分析要素包括（　）

A. 分析现有工作流程　　B. 分析工作环境

C. 分析作业者的动作　　D. 分析现场材料和工具

59. 8D 又称团队导向问题解决方法、8D 问题求解法，是（　）。

A. 福特公司提出的一种处理问题的方法

B. 标准化的问题解决步骤

C. 风险控制的方法

D. 识别风险的方法

60. 通过盘点可了解实际库存数量与台账数量是否一致，盘点可分为（ ）。

A. 定期盘点　　B. 定点盘点

C. 封闭盘点　　D. 循环盘点

61. 为提高服务质量，服务提供者应将工作重点放在（ ）等方面。

A. 服务资源　　B. 服务提供

C. 服务特性　　D. 顾客满意

62. 服务资源包括（ ）。

A. 服务人员　　B. 服务设施

C. 服务用品　　D. 服务

63. 质量文化的功能包括（ ）。

A. 凝聚功能　　B. 约束功能

C. 辐射功能　　D. 物质功能

64. 精益生产改善活动的主要内容有（ ）。

A. 改善工艺　　B. 改善设备

C. 改善操作　　D. 改善管理

65. 直方图数据的（ ），可直观地显示质量特性的分布状态。

A. 分布形状　　B. 中心位置

C. 高度数值　　D. 分散程度

E. 柱子间距

66.（ ）不属于质量管理“三不”原则实施要点。

A. 谁制造谁负责　　B. 谁制造谁检查

C. 个性化作业　　D. 部分检查

E. 不良曝光　　F. 防呆防错

67. 根据变化点管理，人的变化点指（ ）。

A. 计划年休　　B. 轮岗

C. 工程变更　　D. 线上训练时

68. 设备按一字形布置的特点是（ ）。

A. 生产节拍一致　　B. 一般情况均为多人作业

C. 工序间有物料传递装置　　D. 材料和成品靠近

69. 班组长必须对生产安排的落实情况进行现场确认，确认包括（ ）。

A. 现场投入产品、材料是否正确

B. 设备是否正常

C. 工艺参数和作业标准是否明确

D. 作业员对生产数量是否清楚

70. 列举变化点类型中属于人的因素有（ ）。

A. 人员顶岗　　B. 人员调整

C. 工作变更　　D. 配置新员工

71. 标准化作业编制步骤适用范围可分为（ ）。

A. 引用标准

B. 修前准备

C. 工作流程图（上一道工序要为下一道工序负责）

D. 作业程序和作业标准

E. 验收记录（竣工验收记录）

F. 标准作业执行情况评估（按竣工验收的七大点要求逐项评估）

72. 物流改善应该关注（　）。

A. 采购件的接收方法　B. 工厂内的物流

C. 公司战略的调整　D. 包装的改善

73. 要提高整个班组人力资源的使用效率，就要（　）。

A. 制订出针对每个员工的职业生涯发展计划

B. 采取“请进来，走出去”等灵活多样的培训手段

C. 鼓励和支持员工学习与业务技能有关的知识

D. 要关心产品质量

74. 供应链的组成包括（　）。

A. 供应商　B. 转包商

C. 顾客　D. 内部供应链

75. 下列关于顾客满意的说法，正确的是（　）。

A. 顾客满意与接触有关，包括顾客与服务提供者的接触点、接触过程等

B. 顾客满意与服务有关，包括服务资源、服务提供、服务特性等

C. 顾客满意是顾客的主观感受

D. 提高顾客满意度，只要改善超值服务就可以了

76. 在 QC 小组活动中，(　　) 等工具通常被应用于原因分析步骤。

A. 鱼骨图　　B. 柏拉图

C. 关联图　　D. 系统图

E. 雷达图

77. 动作经济原则包括 (　　)。

A. 使用身体的原则　　B. 作业现场布置的原则

C. 关于工具、机器的原则　　D. 简化程序的原则

78. 实现安全生产标准化，即 (　　)。

A. 操作标准化　　B. 现场标准化

C. 管理标准化　　D. 质量标准化

79. 项目管理与一般管理的差异在于 (　　)。

A. 管理的对象不同　　B. 管理的方法不同

C. 管理的周期不同　　D. 管理的目的不同

80. 质量管理活动的过程有 (　　)。

A. 顾客导向过程　　B. 支持过程

C. 管理过程　　D. 原材料导向过程

81. QC 小组活动所应用的技术包括（　）。

A. 专业技术　　B. 绘图技术

C. 管理技术　　D. 表达技术

82. 从 QC 小组活动实践来看，它的主要特点是（　）。

A. 明显的自主性　　B. 决策的独立性

C. 广泛的群众性　　D. 高度的民主性

E. 严密的科学性

83. 实施质量管理体系的资源包括（　）。

A. 人员　　B. 基础设施

C. 过程运行环境　　D. 监视和测量资源

E. 组织知识

84. 在制造现场被认为是第一层次浪费的是那些过剩的生产要素，（　）属于第一层次浪费。

A. 过多的产品　　B. 过剩的走动距离

C. 过多的返修品　　D. 过多的搬运

E. 过多的半成品　　F. 提前加工的零件

85. 有关整理的方法，正确的有（　）。

A. 常用的物品，放置于工作场所的固定位置或近处

B. 会用但不常用的物品，放置于储存室或货仓

C. 很少使用的物品放在工作场所内固定的位置

D. 不能用或不再使用的物品，废弃处理

86. 质量管理中的三检制包括（　　）。

A. 自检　　B. 全检

C. 互检　　D. 专检

87. 外部环境包括（　　）。

A. 经济因素　　B. 技术因素

C. 环境因素　　D. 企业文化

88.（　　）属于作业者行动的异常。

A. 使安全装置失效的作业

B. 协同作业没有明确指示、暗号进行作业

C. 换气装置故障

D. 没有正确穿戴规定的劳保用品

89. 班组生产现场的切换作业可以分为（　　）。

A. 换模作业　　B. 变更标准作业

C. 换线作业　　D. 准备作业

90.（　　）不属于 QC 七大工具。

A. 因果图　　B. 5Why 分析

C. 回归分析　　D. 排列图

E. 分层法

91. QC 小组与行政班组的不同点，主要在于（　　）。

A. 组织的原则不同　　B. 活动的目的不同

C. 活动的方式不同　　D. 组织的成员不同

92. 下列影响质量数据波动的因素中，属于系统性原因的有（　）。

A. 工人未遵守操作规程　　B. 噪声的微小变化

C. 机械设备过度磨损　　D. 原材料质量规格的显著差异

E. 机械设备发生故障

93. QC 小组活动原则包括：全员参与、持续改进、（　）。

A. 注重专业知识　　B. 遵循 PDCA 循环

C. 基于客观事实　　D. 精益改善

E. 应用统计方法

94. 质量记录应具备（　）。

A. 准确性　　B. 不可更改性

C. 及时性　　D. 完整性

95. 变化点是指从通常状态变化为另外的状态。针对变化点应建立（　）及（　）。

A. 检查机制　　B. 预防机制

C. 记录机制　　D. 应急反应机制

96. 质检员在巡检活动中要当好的“三员”是（　）。

A. 质量检验员　　B. 质量宣传员

C. 技术辅导员　　D. 生产指挥员

97. 物料的属性可以包括，但是不限于（　）。

A. 零部件分类　　B. 材质

C. 加工属性　　D. 版本

E. 装配关系

98. 班组生产过程中的基础工作有：开好交接班会、检查生产进度、(　　)。

A. 分析生产质量　　B. 做好信息统计

C. 加强监督检查　　D. 技能培训

99. 由于管理原因而引发的质量事故，包括（　　）。

A. 施工单位或监理单位的质量体系不完善，检验制度不严密

B. 任意修改设计，不按图纸施工

C. 检测仪器设备因管理不善而失准，进料检验不严

D. 质量控制不严格

100. 作业流程四道工序分别是（　　）。

A. 作业　　B. 移动

C. 检查　　D. 等待

E. 分析

101. 可用于讨论和识别引起质量问题的可能原因的方法有（　　）。

A. 头脑风暴法　　B. 因果图

C. 检查表　　D. 亲和图

102. 标准作业卡一般需要具备的要素有（　　）。

A. 修前准备工作　　B. 开工前检查

C. 检修步骤　　D. 修后总结

103. 下述属于缩短交付周期所应采取的措施包括（　　）。

A. 减少设备停机时间　　B. 加快设备运转速度

C. 减少返工时间　　D. 按“连续流”组织生产

104. 清洁生产的方针是（　）。

A. 节能　　B. 降耗

C. 减污　　D. 增效

105. 通过（　）把控好现场质量。

A. 建立以三现（现场、现物、现实）为中心地解决问题模式

B. 建立以三端（市场端、现场端、供应商端）为重点的阵地攻坚专业团队

C. 建立以三端（市场端、研发端、供应商端）为重点的阵地攻坚专业团队

D. 建立以三彻（彻头、彻尾、彻底）为根本的可靠的质量网保证体系

106. 有关整顿的做法，正确的有（　）。

A. 将已确定无用的物品及时清理出去，腾出更多的空间，并加以利用

B. 整理有用的物品，规划其存放位置并加以标识

C. 建立物品存放、管理的有效方法，使之整齐、有条理

D. 对有用的物品加以合理管制，防止混乱

107. 下面关于物料目视化管理说法正确的是（　）。

A. 可以在外包装或实物本身，用文字或带有颜色的标贴纸来识别

B. 利用托载工具识别良品或者不良品

C. 将变更、追加的信息添注到材料的“合格证”上

D. 物料要分区摆放并加上明显的标志

108. 质量文化是由（　）三个层次构成的。

A. 物质文化层　　B. 制度文化层

C. 奖惩文化层　　D. 精神文化层

109. 班组长的使命就是在生产现场组织创造利润的生产活动，通常包括（　）。

A. 提高产品质量　　B. 提高生产效率

C. 降低成本　　D. 防止工伤和重大事故

110. 班组现场改善四项原则是：取消、（　）、简化。

A. 合并　　B. 重排

C. 改善　　D. 裁剪

111. 班组长对巡查出的问题，要（　）进行处理，当班处理不了的，在本班工作结束后与下一班在现场（　），并填写交接日志。

A. 及时汇报　　B. 盯在现场

C. 交代清楚　　D. 共同处理

112. 看板管理是把希望管理的项目，通过各类管理板显示出来。

看板管理是一流现场管理的重要组成部分，是给客户信心、在企业内部营造竞争氛围、提高管理透明度非常重要的手段。下列选项可作为看板管理内容的是（　）。

A. 质量的信息，如每日、每周及每月的不合格产品数值、顾客投诉率和趋势图，以及改善目标

B. 成本的信息，如生产能力数值、趋势图及目标

C. 交货期的信息，如每日生产图表

D. 设备管理信息，如机器故障数值、趋势图及目标、设备综合效率等

113. PDCA 循环是美国质量管理专家休哈特博士首先提出的，由戴明采纳、宣传，获得普及，所以又称戴明环。PDCA 循环的特点包括（　）。

A. 大环套小环　　B. 小环保大环

C. 阶梯式上升　　D. 波浪式前进

114. 从顾客的视角分析服务，包括（　）。

A. 顾客要求　　B. 顾客满意

C. 接触点　　D. 接触过程

115. 以“一个流”为核心的智能工厂目标核心竞争力支撑有（　）。

A. 人员　　B. 设备

C. 节拍　　D. 质量

116. 班组工作消除浪费的方法有（　）。

A. 消除返工现象　　B. 杜绝缺陷

C. 节约能源　　D. 杜绝器材闲置

117. 衡量数据的中心位置的指标有（　　）。

A. 标准差　　B. 方差

C. 均值　　D. 中位数

118. 有效纠正措施的特点有（　　）。

A. 可操作性　　B. 易操作性

C. 可检查　　D. 可验证

119. 质量特性是产品、过程或体系与要求有关的固有特性，包括（　　）。

A. 功能性　　B. 准时性

C. 可靠性　　D. 安全性

120. 相关系数 r=0，意味着两个变量 X 与 Y 间的关系可能是（　　）。

A. 相互独立　　B. 不相关

C. 可能有某种曲线关系　　D. 完全线性相关

121. 班组标准化工作可以应用在（　　）方面。

A. 提高产品质量　　B. 改善工器具

C. 控制原材料消耗　　D. 绩效衡量

E. 安全作业　　F. 学习与培训

122. 5S 管理中的整顿阶段的含义是将需要的物品进行（　　）管理，其目的主要是排除（　　）的浪费。

A. 三定及目视化　　B. 排列整齐

C. 库存　　D. 寻找时间

123. 关于库存的管理，属于浪费情形是（　）。

A. 减少材料库存量　　B. 丢失原材料

C. 库存原材料品质下降　　D. 建立库存平台

124. 企业成功推行 5S，需要全体职员（　）。

A. 连续改进，不断提升自身素养

B. 关注细节，不断完善工作环境

C. 快速行动，发觉问题及时改善

D. 明确职责，只做工作范畴内的事

125. 精益思想的五大原则包括价值、（　）和尽善尽美。

A. 流动　　B. 推动

C. 拉动　　D. 价值流

126. 生产管理讲求（　）的因素，这是影响生产进度的关键因素，做好管理和控制是做好生产进度控制的前提。

A. 机　　B. 法

C. 料　　D. 人

E. 环

127. 4M 变更管理中的 4M 指的是在生产过程中（　）的变更。

A. 操作者　　B. 机器 / 设备

C. 零件 / 材料的供应商　　D. 加工 / 检验的方法

E. 加工对象

128. （　　）必须进行作业观察。

A. 始业时、午饭后　　B. 新人作业训练时

C. 轮岗时　　D. 复岗作业

129. 除了计划内的作业观察，（　　）必须进行班组员工的作业观察。

A. 午饭后　　B. 新人作业时

C. 轮岗时　　D. 员工休假返岗作业时

E. 出现品质不良后

130. 平准化生产可以使各工序（　　）。

A. 资源投入减少　　B. 无等待

C. 没有中间库存　　D. 按节拍生产

131. 安全质量标准化就是对（　　）制定科学的标准。

A. 每道工序　　B. 每个环节

C. 每个岗位　　D. 每项操作

132. 成功的 5S 需要全体员工的（　　）。

A. 不断改进　　B. 关注细节

C. 漠不关心　　D. 快速行动

133. 物料看板的内容包括（　　）。

A. 当日生产需要的物料状况

B. 缺料记录和跟催时间

C. 内部物料调拨记录

134. 控制图也称为（　），通过图形的方法显示生产过程随时间变化的质量波动。

A. 休哈特图　　B. 管制图

C. 排列图　　D. 帕累托图

E. 石川图

135. 以下可用于对收集到的数据进行整理和分析的工具有（　）。

A. 直方图　　B. 曲线图

C. 排列图　　D. 散布图

136. 使用班组管理看板的目的是（　）。

A. 暴露异常，解决问题

B. 使现场管理者、监督者、作业者随时掌握生产动态

C. 培养和提高班组团队现场管理能力

D. 让操作者服从班组长的管理

137. 获得利润的两大手法是（　）和（　）。

A. 降低成本　　B. 提高效率

C. 批量生产

138. 现场管理对象主要包括（　）等五个基本要素。

A. 人员　　B. 设备

C. 品质　　D. 环境

E. 材料　　F. 方法

139. 异常处置问题解决八步骤中，评价结果和过程时，以下说法正确的是（ ）。

A. 所谓的结果是必然性的、持续性的

B. 评价结果应与相关人员、部门共享

C. 评价针对最终的结果

D. 明确根本原因

140.（ ）属于针对不合格采取纠正措施的要求。

A. 对不合格不作出回应　B. 评价是否需要采取措施

C. 评审所采取措施的有效性　D. 实施纠正措施

141. 顾客要求包括（ ）。

A. 明示的要求　B. 隐含的要求

C. 潜在的要求　D. 固有特性

142. 错漏装易引起用户（ ）。

A. 抱怨　B. 投诉

C. 强烈不满　D. 退货

143. 在班组管理中，看板管理的具体作用表现在（ ）。

A. 传递信息，统一认识

B. 帮助管理，防微杜渐

C. 强势引导，形成改善意识

D. 褒优贬劣，营造竞争氛围

144. 加快质量法治建设，完善质量法制监督机制，落实执法责任，切实做到（ ）。

A. 有权必有责　　B. 用权受监督

C. 侵权须赔偿　　D. 违法要追究

145. 下列（ ）属于 QC 新七种工具。

A. 关联图　　B. 系统图

C. 亲和图　　D. 控制图

146. 整理的三原则是（ ）。

A. 清理，制定“需要”与“不需要”判定标准

B. 清除，制定废弃物处理方法

C. 清洁，生产现场、服务现场、办公场所秩序井然，干净整洁

D. 清扫，扫除落下物、溢出物等

147. TPM 活动中清除 6 源包括：污染源、（ ）、缺陷源、事故危险源。

A. 故障源　　B. 发生源

C. 清扫困难源　　D. 浪费源

148. 质量管理经历的发展阶段包括（ ）。

A. 质量检验阶段　　B. 统计质量控制阶段

C. 全面质量管理阶段　　D. 质量分析阶段

149. 八项质量管理原则包括（ ）。

A. 顾客满意　　B. 领导作用

C. 全员参与　　D. 过程方法

150. 普遍认为，质量管理需遵循八项基本原则，包含但不限于（　）。

A. 以顾客为关注焦点　　B. 领导作用

C. 全员参与　　D. 过程方法

E. 管理的系统方法　　F. 持续改进

151. 全面质量管理的指导思想有（　）。

A. 质量第一

B. 质量是设计、制造出来的，不是检验出来的

C. 全员参与，以人为本

D. 手段多种多样

152. 导致过量生产的主要原因包括（　）。

A. 过度检验

B. 生产指令与客户需求信息脱节

C. 缺乏精益生产系统

D. 物料不足

153. 班组现场管理具有（　）。

A. 基础性　　B. 系统性

C. 群众性　　D. 动态性

154. 生产现场看板管理的作用包括（　）。

A. 传递生产和运送工作的指令

B. 防止过量生产和过量运送

C. 让领导处罚员工有据可依

D. 作为生产现场改善的工具

E. 作为目视化管理推进的工具

155. 标准作业改善的前提条件是（　）。

A. 市场需求发生变化时

B. 员工不遵守时

C. 人的循环时间与节拍不符时

D. 要达到少人化的目标时

156. 以下说法正确的是（　）。

A. 呆料是指能用但放久的物料

B. 废料是指不能用的物料

C. 人工成本不属于企业成本

D. 班组长影响着决策的实施

157. 造成制造不良的主要原因包括（　）等。

A. 缺乏有效的作业培训和指导

B. 缺少物料

C. 人员等待

D. 缺乏作业标准

158. 企业推行标准作业需要经常（　）。

A. 巡回检查　　B. 监督、指导

C. 人员调整　　　　D. 维修设备

159. 属于生产工人质量职责的是（　）。

A. 做好设备、工装的维护、保养，搞好文明生产

B. 做好在制品的存放，防止磕、碰、划伤

C. 认真做好自检、互检、首检、自分和自盖工号，搞好工序质量控制

D. 尽快完成当天的生产任务

160. 项目时刻管理中，需要完成的工作有（　）。

A. 时刻的定义　　　　B. 资源的定义与分配

C. 日历的定义　　　　D. 排程方式的确定

161. 要素作业分为（　）。

A. 反复性作业　　　　B. 非反复性作业

C. 容易的作业　　　　D. 不容易的作业

162. 作业分解中的关键点是指按手顺作业时必须注意的地方，关键点包含（　）。

A. 质量　　　　B. 安全

C. 容易做　　　　D. 努力做

163. 推动式生产方式的特点是（　）。

A. 各个工序之间相互独立，在制品存货量较大

B. 为了分解每个零部件的精确生产时间，需要大量计算

C. 如果出现异常状况，要对整个计划进行调整

D. 为了保证按时交货，必须保有相当水平的安全库存

164. QC 小组组建程序有（ ）。

A. 自下而上的组建程序

B. 自上而下的组建程序

C. 上下结合的组建程序

165.（ ）属于质量问题追溯项。

A. 生产过程中的错漏装

B. 生产过程中未按工艺执行项

C. 设备、工装、工具损坏项

D. 检测工具损坏校准失效项

166. 制定标准作业的前提条件是（ ）。

A. 以人的活动为中心　　B. 反复相同顺序的作业

C. 设备的故障比较少　　D. 产品品质比较稳定

E. 智能化水平高

167. 现场管理的基本内容主要包括安全管理、民主管理、（ ）、思想政治工作和经济核算等。

A. 纪律管理　　B. 生产管理

C. 设备管理　　D. 劳动管理

168. 列举变化点类型中属于机的因素的是（ ）。

A. 设备、模具、夹具等调整

B. 设备维修

C. 设备移动

D. 防呆防错装置的变更

169. 六西格玛项目最常用的 DMAIC 方法，包括的步骤有（　）。

A. 定义阶段　　B. 测量阶段

C. 设计阶段　　D. 分析阶段

E. 改进阶段　　F. 控制阶段

170. 价值流分析步骤包括（　）。

A. 将注意力集中在单个产品族上

B. 了解工艺工程当前是如何运作的

C. 设计一个精益价值流

D. 制订未来状态的实施计划

171. 品质保证的基本考虑方法包括（　）。

A. 客户第一　　B. 标准作业

C. 生产保证　　D. 自工序品质保证

172. 下列各项中，属于企业存货的有（　）。

A. 生产车间尚未加工完成的半成品

B. 车间某生产班组已领用但尚未加工的原材料

C. 生产车间办公用电脑

D. 生产车间生产用机器设备

173. 看板管理能够将（　）等方面有效地揭露出来。

A. 生产效率　　B. 产品品质

C. 生产成本　　D. 安全生产

E. 员工福利

174. 作业规程的内容一般包括（　）及各项经济技术指标和有针对性的安全措施等。

A. 工程说明　　B. 地质概况

C. 生产工艺　　D. 劳动组织与循环方式

175. 下列（　）是生产管理可视化的常用工具。

A. 信号灯　　B. 摄像头

C. 生产管理看板　　D. 地面标识

E. 按钮

176. 对于生产组织的定义下列说法正确的是（　）。

A. 为了确保生产顺利进行所进行的各种人力、设备、材料等生产资源配置

B. 生产过程组织与劳动过程组织的统一

C. 生产过程的各个阶段、工序在时间上、空间上的衔接与协调

D. 生产组织只能是现场班组长去实施

177. 下面说法正确的是（　）。

A. 生产过剩偏离准时化生产的准则

B. 生产过剩导致更大的存储空间

C. 生产过剩必然导致库存增加

D. 生产过剩是最大的浪费

178. 组织实施质量管理体系所需的资源包括（　　）。

A. 产品设计开发人员　　B. 供方及合作者

C. 生产设备及控制软件　　D. 信息系统

179. 在工程项目施工阶段的质量控制中，属于事前质量控制的内容的有（　　）。

A. 建立质量管理体系　　B. 组织材料的现场试验

C. 施工工序的检查检验　　D. 施工现场的检查验收

E. 承包商资质的审查

180. 班组长在学习贯彻作业规程中，要重点考虑（　　）。

A. 生产工艺　　B. 作业程序

C. 施工组织　　D. 安全要点

181. 班组长现场质量管理必须具备的意识有（　　）。

A. 问题意识　　B. 客观意识

C. 时间意识　　D. 安全意识

182. 班组长在质量管理过程中，必须具备（　　）。

A. 问题意识，要善于发觉问题、解决问题

B. 客观意识，这是现场管理的灵魂

C. 时刻意识，及时显现在现场

D. 防范意识，预先建立起牢固的防线

183. 质量的特性有（　　）。

A. 经济性　　B. 广义性

C. 时效性　　D. 相对性

184. 工序能力表的内容是（　）。

A. 确定和记录每一工序的每件产品加工的周期时间

B. 确定机器或流程的能力

C. 识别最大流程能力

D. 通过减少作业周期时间或切换时间来提高生产能力

185. QC 小组活动的要因确认步骤中，（　）方法是正确的。

A. 现场验证　　B. 现场测量

C. 实验测试　　D. 按容易度衡量

E. 按经验排除

186. 以下属于生产过程中的特殊情形的是（　）。

A. 违章　　B. 偏差

C. 事故　　D. 违反规定

187. 推进 5S 活动中，查找和解决的“六源”是（　）。

A. 污染源、清扫困难源　　B. 故障源、浪费源

C. 事故源、浪费源　　D. 缺陷源、危险源

188. 要及时发觉事故隐患，班组职员在平常的生产作业中，应该做到（　）。

A. 心勤　　B. 眼勤

C. 手勤　　D. 腿勤

189. 生产现场的基本要求有（　　）。

A. 保证现场有序　　B. 保证生产任务完成

C. 树立企业形象　　D. 建设企业文化

190. 准时化是指在必要的（　　），按必要的（　　），生产必要的（　　）。

A. 场所　　B. 时间

C. 数量　　D. 产品

191. 常用的机械性能指标是（　　）。

A. 强度　　B. 硬度

C. 塑性　　D. 密度

192. 5S 能给企业带来的好处是（　　）。

A. 安全有保障　　B. 提高工作效率

C. 提高工作形象　　D. 增加工作负担

193. 属于 QC 小组活动有形成果的是（　　）。

A. 降低物资消耗　　B. 提高小组成员自身素质

C. 提高劳动生产率　　D. 减少设备故障停机时间

194. 缩短制造周期的工作方法有（　　）。

A. 加强生产计划的牵引和监控作用

B. 缩短物料采购周期

C. 提高生产效率

D. 多能工的应用

195. 现场改善的目的是（　　）。

A. 提高效率　　B. 消除浪费

C. 提升质量　　D. 降低成本

196. 质量目标应（　　）。

A. 可测量

B. 都是量化的

C. 体现组织对产品质量水平的追求

D. 与顾客的期望相适应

197. 造成等待浪费的原因通常有（　　）。

A. 作业不平衡　　B. 作业安排不当

C. 停工待料　　D. 品质不良

198. 定点摄影的要点包括（　　）。

A. 同一地点　　B. 同一方向

C. 同一角度　　D. 同一时间

199. 查验表通常分为（　　）。

A. 累计计算用查验表　　B. 点检确认用查验表

C. 统计用查验表　　D. 调查记录用查验表

200. 班组质量管理中的质量改进，包括（　　）。

A. 日常的渐进改进　　B. 突破性改进

C. 突飞猛进

201. “专职三检制”是指（　　）。

A. 首检　　B. 换型检

C. 完工检　　D. 巡回检

202. 生产流程改进的方法有（　　）。

A. 取消　　B. 合并

C. 完善　　D. 重组

E. 简化

203. 作业观察也需遵循 PDCA 循环，在 P 阶段，需要制订日的明确的观察计划，观察计划的编制要遵循以下目的（　　）。

A. 标准作业的维持观察

B. 作业的熟悉训练，指导后的作业观察

C. 为挖掘改善项目而做的作业观察

D. 为对应不良而做的作业观察

204. 精益生产要实现的三个子目标是（　　）。

A. 零库存　　B. 高柔性

C. 无缺陷　　D. 零灾害

205. 物料管理是供应链管理的核心，分为（　　）。

A. 物料需求规划管理　　B. 物料供应和储存管理

C. 物料消耗　　D. 成本管理

206. 生产准备一般包括（　　）。

A. 工艺技术准备　　B. 人力准备

C. 物资能源准备　　D. 机械设备准备

207. 生产作业控制的基础是控制标准，（　）属于生产控制作业标准。

A. 技术图纸　　B. 安全库存

C. 物资消耗定额　　D. 培训计划

208. 不接受不良是精益生产自动化思想的体现，它依靠（　）来保证。

A. 人　　B. 机械

C. 系统　　D. 时间

209. 精细化管理以（　）为基本原则。

A. 精　　B. 准

C. 细　　D. 严

E. 慢

210. 管理现场物料质量的要素包括（　）。

A. 复查来料检验的合格率，在上线之前再次确认

B. 现场物料存放地点按质量要求做到对温度、湿度、尘埃、污染物的控制

C. 现场物料质量管理同样可以采用可视化管理工具

D. 以上都不是

211. 班组现场"流"态管理体现在（　）等方面。

A. 工作流程管理　　B. 工作流程再造

C. 现场物流管理　　D. 在制品

E. 在库品

212. 下列关于项目管理目的的说法，正确的是（　）。

A. 项目管理的根本目的是满足或超越项目的所有相关利益者对项目的需求与期望

B. 项目业主 / 客户要求和期望以最小的投资获得最大的收益和项目产出物的功能

C. 项目承包商或实施者要求期望以最小的成本获得最大的利润，项目供应商要求或期望能够获得更多的销售收入

D. 项目设计者或研制者要求或期望能够留下传世之作或有所收益

E. 项目所在社区要求和期望不要破坏环境和造成污染，项目政府主管部门要求和期望扩大就业和提高社会福利等

213. QC 小组课题根据来源一般包括（　）。

A. 指令性课题　　B. 指导性课题

C. 小组自行选择课题　　D. 独创型课题

214. 现场管理要达到（　）目标。

A. 品质好、成本低　　B. 效率高、交期短

C. 协调、简单　　D. 安全强、士气高

215. 处理班组、岗位、工序之间接口的关系，方法有（　）。

A. 明确谁负主要责任，谁负次要责任，做到分工明确

B. 管理零空白

C. 协调各岗位之间、各工序之间的关系

D. 你中有我，我中有你

216. 实现全面质量管理全过程的管理必须体现（　）的思想。

A. 预防为主　　B. 不断改进

C. 严格质量检验　　D. 加强生产控制

E. 为顾客服务

217. 盘点的主要理由是（　）。

A. 把握和确认现货的管理状态

B. 研究常备库存是否合理

C. 研讨库存保管方法和事务处理方法

D. 加强管理体制

218. 以下对怎么样控制好产品的质量描述正确的是（　）。

A. 对作业要求熟悉

B. 对质量异常的敏感

C. 要有责任心

D. 做好自己的工作就好了，其他不用管

219. 企业生产活动中一般包括（　）。

A. 增值活动　　B. 非增值活动

C. 一般活动　　D. 重要活动

220. 产品的必须特性是（　）。

A. 顾客认为理所当然应当具备的特性

B. 使顾客感到很兴奋的特性

C. 一旦不充分，会引起强烈不满的那些质量特性

D. 不充分也不会使人产生不满的特性

221. 全面质量管理的基本观点是（　　）。

A. 一切为用户服务　　B. 一切以预防为主

C. 一切遵照 PDCA 循环　　D. 一切用数据说话

222.（　　）是精益生产的主要特征。

A. 用户为上帝　　B. 以人为中心

C. 以精简为手段　　D. 团结合作

E. 准时供货方式

F. 规范作业行为，以防止问题再发生

223. TPM 的五步现场管理方法包括（　　）。

A. 每天都去现场，有问题更是先去现场

B. 检查现场发生的一切

C. 以员工的行为全规范化为过程

D. 当场与现场人员协商改善或处理问题的临时措施

E. 研究现场不合理的真正原因，并加以排除

F. 规范作业行为，以防止问题再发生

224. 质量控制是解决（　　）。

A. 系统因素引起的质量问题

B. 偶然因素引起的质量问题

C. 异常性波动的质量问题

D. 正常波动的质量问题

225. QC 小组在选择课题过程中，常用的统计工具有（　　）。

A. 直方图　　B. 控制图

C. 因果图　　D. 排列图

E. 散点图

226. 对于生产过剩导致的浪费可以采取的对策有（　　）。

A. 生产计划标准化

B. 均衡化生产

C. 引进生产节拍

D. 灵活运用看板管理技术组织生产

227. 等待导致的后果包括（　　）等。

A. 废品率增高　　B. 降低了劳动效率

C. 影响士气　　D. 使人工成本增高

228. 标准作业的目的是（　　）。

A. 明确安全地、低成本地生产优良产品的制造方法

B. 用作目视化管理的工具

C. 用作改善的工具

229. 关于异常处置内容不正确的项目指（　　）。

A. 没有上级指示进行异常处置作业

B. 不停线捡掉落的物品

C. 由于不良多而停线

D. 对进入运转中的设备进行异常处置

E. 停止、呼叫、等待

230. 项目管理过程应遵循的原则是（　　）。

A. 不同项目选择不同管理过程

B. 不同项目的管理过程有不同的内容和不同的工作顺序

C. 有些项目管理过程中的活动需要有既定前提条件

D. 大型项目的管理过程需要更加集成和深入，小型项目或子项目的管理过程相对简单

E. 项目发生变动，则项目管理过程也会发生变动

231. 生产活动中应尽量减少质量成本。质量成本是指为了保证客户满意的质量而产生的成本，以及由于出现低质量产品所造成的损失。质量成本主要包括（　　）。

A. 内部损失成本　　B. 外部损失成本

C. 预防成本　　D. 鉴定成本

232. 质量检验的主要功能有（　　）。

A. 鉴别功能　　B. 把关功能

C. 预防功能　　D. 报告功能

233. 下列属于生产过剩浪费的表现的是（　　）。

A. 生产过多

B. 生产过早

C. 原材料的浪费

D. 用户索赔所引起的企业信誉低下

234. 顾客是指接受产品或服务的个人或组织，可包括（　）。

A. 消费者　　B. 组织内下一道工序的接收者

C. 原材料提供者　　D. 经销商

E. 股东

235. 层比法是搜集和整理数据时所必须遵循的一种基本思考方法，主要按照一定的（　）进行分类整理、比较。

A. 标准　　B. 目的

C. 原则　　D. 要求

236. 目视化管理是精益生产方式的重要内容，其中能让管理监督人员明白生产线状况的指示灯包括（　）。

A. 警报指示灯　　B. 异常指示灯

C. 运转指示灯　　D. 安全指示灯

237. 在制品管理的重点包括（　）。

A. 物料识别

B. 不良率控制

C. 在线库存存量的控制

238.（　）属于计量型数据。

A. 重量 10kg　　B. 废品数 90 个

C. 长度 90m　　D. 不良率 95%

239. 下列（　）属于简易图表范畴。

A. 柱状图　　B. 饼分图

C. 折线图　　D. 雷达图

240. 描述 QC 小组问题解决型课题时应（　）。

A. 简洁明确　　B. 针对所要解决的问题

C. 针对所要解决的真因　　D. 课题要带有特征值

E. 课题要带有对策

241. 下列属于 5S 的是（　）。

A. 整洁　　B. 清扫

C. 整理　　D. 素质

242. 零缺陷管理的三个层次的意思包括（　）。

A. 正确的事　　B. 正确的人

C. 正确地做事　　D. 第一次做正确

E. 正确的方法

243. 下列属于 QC 老七种工具的是（　）。

A. 排列图　　B. 因果图

C. 直方图　　D. 关联图

244. 在 QC 小组活动各步骤中，制定巩固措施的阶段常用的工具有（　）。

A. 调查表　　B. 控制图

C. 直方图　　D. 排列图

245. 精益生产中阻碍生产灵活性的 5 种障碍是（　　）。

A. 惯例　　B. 能力

C. 质量　　D. 配置

E. 产能　　F. 规模

246. 在质量管理体系中，质量管理包括（　　）。

A. 制定质量方针和质量目标

B. 质量策划

C. 质量保证

D. 质量控制和质量改进

247. 质量理念中的质量主要包括项目质量、采购质量、（　　）。

A. 制造质量　　B. 人员素质

C. 质量保证　　D. 市场质量

248. 质量管理（朱兰质量管理）的三部曲包括（　　）。

A. 质量策划　　B. 质量控制

C. 质量改进　　D. 质量保证

249. 关于质量改进，描述正确的是（　　）。

A. 质量改进是以项目方式实现的

B. 质量改进是普遍适用的

C. 质量改进是代价很小的

D. 质量改进是无止境的

250. 生产现场目视化管理包括（　　）。

A. 成本管理　　B. 生产管理

C. 质量管理　　D. 安全管理

251. 质量管理的基本内容包含：制定质量方针和质量目标、质量策划、(　)、(　)、(　)。

A. 质量检验　　B. 质量考核

C. 质量控制　　D. 质量保证

E. 质量改进

252. 班组作业控制包括（　）。

A. 人员控制　　B. 操作控制

C. 质量控制　　D. 环境控制

253. 班组质量管理制度主要包括（　）和质量责任制度。

A. 质量教育制度　　B. 质量验收标准

C. 质量控制方法　　D. 质量经营管理

254. 第二次世界大战后，日本制造的产品是“残次品”“劣质品”的代名词，日本人是依靠（　）甩掉这顶帽子的。

A. 质量检验　　B. 统计过程控制

C. 质量设计　　D. 质量文化

255. 班组生产作业计划包括（　）。

A. 常规周期性任务　　B. 专项整治任务

C. 重点任务　　D. 应急性任务

256. 作业优化方法中的 ECRS 分析法的 4 个原则是（　）。

A. 取消　　B. 合并

C. 重排　　D. 简化

E. 分析

257. 顾客满意是（　）。

A. 在接触过程中对于服务特性满足要求的程度

B. 瞬间形成且持续验证的

C. 主观感受

D. 超值服务

258. 当发生（　）情形时，企业应及时组织进行相关专项隐患排查。

A. 颁布实施有关新的法律法规、标准规范或原有适用法律法规、标准规范重新修订的

B. 组织机构和人员发生重大调整的

C. 装置工艺、设备、电气、仪表、公用工程或操作参数发生重大改变的

D. 发生事故或对事故、事件有新的认识的

259. 鱼刺图通常用于（　）。

A. 追求原因　　B. 追求主要问题

C. 追求对策　　D. 追求重点

E. 追求异常

260. 关于仓库留出盘点通道的必要性，下列说法正确的是（　）。

A. 便于盘点

B. 便于发货

C. 准确掌握库龄

D. 在日常形成规范管理的习惯

261. 丰田精益生产的两大支柱是（　　）。

A. 平准化　　B. 准时化

C. 自动化　　D. 自働化

262. 对改善的描述正确的是（　　）。

A. 改善是对企业的一种经营理念之一

B. 改善既适用于现场，也适用于公司各个部门的业务

C. 改善在欧美企业中更容易获得成功

D. 改善无止境

263. 流线化生产线设备布局常见方式为（　　）。

A. U 型　　B. 一字型

C. 混合型　　D. 环形

264. 为了给就业人员创造一个良好的劳动环境，防暑降温的主要技术措施有（　　）。

A. 合理设计工艺流程　　B. 隔热

C. 自然通风降温　　D. 机械通风降温

265. 班组长是班组实施质量控制和质量改进的领导者、（　　）。

A. 引导者　　B. 提倡者

C. 组织者

266. 定置管理设计原则是（　）。

A. 整体性与相关性

B. 适应性与灵活性

C. 最大的操作 / 进出方便和最小路径

D. 最短的运输距离和最少的装卸次数

267. 班组现场质量管理的意义是（　）。

A. 培养班组职员的质量意识

B. 使班组职员养成规范操作的良好生产适应

C. 最大限度地避免生产事故

D. 保证产品质量，提高工作效率

268. 精益生产追求的是（　）。

A. 最少的人员　　B. 最佳的品质

C. 最低的成本　　D. 最短的交货期

269. 精益生产是一种生产管理方式，它的特点有（　）。

A. 最快的市场响应速度

B. 最低的成本

C. 最优的质量

D. 设计和制造市场所需的产品

270. 5S 素养的“三守”原则（　）。

A. 遵守规定　　B. 遵守纪律

C. 遵守时间　　D. 遵守合同

271. 在质量管理体系的运行和审核中，记录的作用是（　）。

A. 追溯已发生的事实

B. 指导作业人员操作

C. 作为审核的准则

D. 为验证纠正、预防措施提供依据

272. 目视化管理在生产现场的主要应用领域包括（　）。

A. 产品结构原理图展示　　B. 工艺流程图

C. 作业标准书　　D. 物品放置管理

273. 生产现场要做好变化点管理，变化点管理不到位容易发生产品质量问题，变化点管理包含（　）。

A. 人　　B. 物料

C. 作业方法　　D. 机器

E. 环境

274. 班组现场作业管理包括作业人员资格管理、作业风险评估和（　）。

A. 作业准备　　B. 作业许可

C. 作业实施　　D. 作业文件管理

E. 作业过程管理　　F. 回顾与更新

275. 标准作业三要素是（　）、（　）和（　）。

A. 操作步骤　　B. 节拍

C. 作业顺序　　D. 标准在制品

276. 作业顺序是指作业者能够最高效地生产合格品的生产操作顺序，工艺顺序是指工艺文件上规定的产品加工先后顺序，下列描述中正确的有（　）。

A. 作业顺序有好坏之分，好的作业顺序是目前最合理、循环时间 C.T 最短的作业顺序

B. 若作业顺序不明确，每件产品 / 零件的实际作业时间 C.T 就会因人而异

C. 作业顺序与工艺顺序（即产品加工先后顺序）不一定完全相同，其目的在于设定

D. 合理的操作顺序会减少浪费

E. 若作业顺序与工艺顺序（即产品加工先后顺序）不同，产品就无法实现加工

277. 在进行作业观察时，若作业员不能在目标时间内完成作业，那么可能是（　）导致。

A. 作业员技能不足

B. 目标时间设定不合理

C. 作业员未按标准作业书规定步骤作业

D. 作业指导书编制不合理

278. 质量管理体系的文件架构包括（　）。

A. 质量手册　　B. 程序文件

C. 作业指导书 / 规范　　　D. 质量记录 / 表单

279. 属于班次质量负责人职责的是（　）。

A. 组织开展质量攻关活动，提高产品质量，降低废品率

B. 做好不合格品管理，及时隔离存放，保证不合格品不流入下道工序

C. 做好安全管理方面的记录，并做到资料齐全、完整、有效

D. 负责检查、监督班组成员认真执行工艺规程、质量标准及作业文件

判断题

1. 作业前实行预控，作业中实行“三控”，作业后实行追控，三者是一个有机的整体。只有相互联系，相互作用，才能发挥整体功能。(　　)

A. 正确　　B. 错误

2. 实施精益生产方式的基础是 5S 管理。(　　)

A. 正确　　B. 错误

3. 不良品不送往后工序是指后工序没有库存，后工序一旦发现次品必须停止生产，找到次品后继续生产。(　　)

A. 正确　　B. 错误

4. 生产管理中的五大要素是人员、机器、物料、方法、环境。(　　)

A. 正确　　B. 错误

5. 防错概念是日本质量管理专家、丰田生产体系创建人新乡重夫首创，并将其发展成为用以获得产品零缺陷，最终免除质量检验的工具，防错又叫防呆。(　　)

A. 正确　　B. 错误

6. 一线生产班组的主要任务是完成产品的生产和交付，只需要识别顾客的质量要求就可以。(　　)

A. 正确　　B. 错误

7. QC 小组的组建指领导指定组长和组员，在组长的带领下开展质量改进活动，定期向领导汇报改进结果。(　　)

A. 正确　　B. 错误

8. 作业顺序与产品生产工序同向时，自动加工机床之间无标准中间在制品。(　)

A. 正确　　B. 错误

9. A3 资料可以数据、图表、文字并用。(　)

A. 正确　　B. 错误

10. 精益生产的核心理念是持续地降低成本。(　)

A. 正确　　B. 错误

11. 生产流程改进的方法不包含简化。(　)

A. 正确　　B. 错误

12. 1955 年，日本企业针对场地、物品提出了整理、整顿的概念。后来随着工业的发展及管理水准的提升，才陆续提出、增加了其余的 3 个概念，即清扫、清洁、素养，从而形成目前广泛推行的 5S 架构。(　)

A. 正确　　B. 错误

13. 失效模式与影响分析简称为 FMEA。(　)

A. 正确　　B. 错误

14. 精益生产组织生产过程的基本做法是严格按计划生产。(　)

A. 正确　　B. 错误

15. 合格品和报废品的识别：采用地域识别，就是分别摆放；或者采用容器识别，就是使用不同颜色的容器等。(　)

A. 正确　　B. 错误

16. 质量管理发展的三阶段是指质量检验阶段、统计质量控制阶段、全面质量管理阶段。(　)

A. 正确　　B. 错误

17. 班组长有权组织、指挥和管理本班组的生产经营活动。(　)

A. 正确　　B. 错误

18. 管理循环中，P 阶段的主要工作是分析现状，找出存在的问题，制定改进措施并有效实施。(　)

A. 正确　　B. 错误

19. 在充满可燃气体的环境中，可以使用手持电动工具、手机等。(　)

A. 正确　　B. 错误

20. QC 小组活动的主题仅限于质量问题的改善。(　)

A. 正确　　B. 错误

21. 班组应该持续提高能力，超额完成生产计划任务。(　)

A. 正确　　B. 错误

22. 班组质量管理的主要目的就是将生产中的质量波动维持在合理的范围之内。(　)

A. 正确　　B. 错误

23. 改善的目的是完成车间指标。(　)

A. 正确　　B. 错误

24. 生产车间内尚未加工完成的半成品不属于企业存货。(　)

A. 正确　　B. 错误

25. 班组的现场管理水平是企业的形象、管理水平和精神面貌的综合反映，是衡量企业素质及管理水平高低的重要标志。(　)

A. 正确　　B. 错误

26. 重复工作不会增加工作受伤的风险。(　)

A. 正确　　B. 错误

27. 现场作业计划的执行实施应该包括作业前的准备阶段、作业过程的调控阶段、作业阶段性成果的评价三个阶段。(　)

A. 正确　　B. 错误

28. 5S 管理标准是通用的，只要各区域完全按照其标准执行就可以，不需要进行细化。(　)

A. 正确　　B. 错误

29. 等待浪费占用大量资源，掩盖发生的问题，造成其他浪费。(　)

A. 正确　　B. 错误

30. TQM 不只是一些管理工具的集合，更是总体上对待质量的全新态度。(　)

A. 正确　　B. 错误

31. 顺建是工厂纳入零件后，按照生产线生产车辆顺序重新摆放零件，安排上线。(　)

A. 正确　　B. 错误

32. 客户价值等于客户感觉的效用。( )

A. 正确 B. 错误

33. 既然搬运属于一种浪费，那么工厂可以完全取消搬运。( )

A. 正确 B. 错误

34. 5S 整理中，区分必需品与非必需品的依据是物品的使用频率。( )

A. 正确 B. 错误

35. 项目的生命周期是由项目经历的阶段所组成的序列。项目各阶段划分的原则以某种交付结果的完成为标志，大多数项目的生命周期大致可划分为概念阶段、设计阶段、实施阶段和终止阶段四个阶段。( )

A. 正确 B. 错误

36. 班组生产应坚持效益第一、预防为主的方针。( )

A. 正确 B. 错误

37. 整理最主要的目的是不浪费空间。( )

A. 正确 B. 错误

38. QC 小组课题类型分为问题解决型和创新型。( )

A. 正确 B. 错误

39. 每个产品、过程、体系、组织都具有自己的固有特性。( )

A. 正确 B. 错误

40. 明确数据特征、各层之间数据的差异可以从数据中获得正

确有效的信息，以准确地抓住现状是 QC 手法的分层法的目的。( )

A. 正确　　B. 错误

41. PDCA 循环又称戴明环，P 表示计划，D 表示执行，C 表示总结，A 表示检查。( )

A. 正确　　B. 错误

42. QC 小组组建工作做得如何，不会影响 QC 小组活动的效果。( )

A. 正确　　B. 错误

43. 要想消除浪费，首先必须发现浪费。( )

A. 正确　　B. 错误

44. 质量管理体系的文件架构不包括程序文件。( )

A. 正确　　B. 错误

45. 为提高小组的发布效果，需要在 PPT 制作上下功夫，充分考虑布局、字体、颜色、图片、录像……标新立异、吸引评委，不需要过多地考虑小组活动的具体过程。( )

A. 正确　　B. 错误

46. 绝大多数暴露的问题是能够被控制、解决的。( )

A. 正确　　B. 错误

47. 产品质量特性的技术性，是指产品满足使用目的所具备的技术特性。( )

A. 正确　　　　　　　　　　B. 错误

48. 质量概念涵盖的对象是产品、服务、过程、一切可被单独描述和研究的事物。(　　)

A. 正确　　　　　　　　　　B. 错误

49. 物料搬运是浪费。(　　)

A. 正确　　　　　　　　　　B. 错误

50. 节拍时间显示的是向客户卖出产品的速度，是用生产产量和可用工作时间计算出来的，对于生产部门来说是生产一台或者一个产品花费了多少时间的一个值。(　　)

A. 正确　　　　　　　　　　B. 错误

51. 生产管理工作中的监督就是监督生产的全过程，对生产结果进行评估。(　　)

A. 正确　　　　　　　　　　B. 错误

52. 5S 管理中整顿的三定原则是定品、定量、定位。(　　)

A. 正确　　　　　　　　　　B. 错误

53. 5W2H（中文）指：何事、何故、何人、何时、何地、如何、成本。(　　)

A. 正确　　　　　　　　　　B. 错误

54. “一个流”生产是指作业场地、人员、设备合理配置，使产品在生产时，每个工序可以生产多个在制品或成品。(　　)

A. 正确　　　　　　　　　　B. 错误

55. 物品是什么，职工自己知道就行，标示与否没关系，这样可以减少浪费。(　)

A. 正确　　B. 错误

56. 生产是企业的生命线，是打开市场大门的钥匙，是征服市场的法宝。(　)

A. 正确　　B. 错误

57. 精益生产既追求制造设备的高度自动化和现代化，也强调对现有设备的改造和根据实际需要采用先进技术。(　)

A. 正确　　B. 错误

58. 质量管理包括产品质量的全面管理、产品质量计划和质量分析、产品质量检查和质量控制。(　)

A. 正确　　B. 错误

59. 班组工作场所只能放真正需要的物品。(　)

A. 正确　　B. 错误

60. 如果服务过程结束了，那么服务结果也就唯一出现，所以服务是不可重复的。(　)

A. 正确　　B. 错误

61. 界定要与不要的依据是物品的使用价值，这是 5S 整理活动中的要求。(　)

A. 正确　　B. 错误

62. 问题根源找一找是指找出问题根源并加以解决。(　)

A. 正确　　　　　　　　　　B. 错误

63. 作业流程管理规范化就是要求在作业实施的整个过程中做到作业有计划、过程有表单、工作有总结、问题有整改、执行有反馈。(　)

A. 正确　　　　　　　　　　B. 错误

64. “一个流”是实现均衡生产的前提，也是准时化生产的核心，是消除浪费的最好方法，“一个流”不仅适用于机械加工，也适用于产品装配的过程。(　)

A. 正确　　　　　　　　　　B. 错误

65. 库存浪费泛指一切原材料库存、在制品（WIP）库存成品库存以及在途量。(　)

A. 正确　　　　　　　　　　B. 错误

66. 质量设计要依据完全市场调研和顾客需求分析。(　)

A. 正确　　　　　　　　　　B. 错误

67. 服务的魅力特性随着时间的推移会逐渐转化为必须特性。(　)

A. 正确　　　　　　　　　　B. 错误

68. 非瓶颈的利用程度不是由系统的瓶颈决定的，而是由系统本身决定的。(　)

A. 正确　　　　　　　　　　B. 错误

69. QC 小组活动题目“开发西部市场提高重型载重车销售率”是

正确的。(　　)

A. 正确　　　　B. 错误

70. 帕累托图适用于计数值，而非计量值，必须建立在充分的客观事实基础之上。(　　)

A. 正确　　　　B. 错误

71. QC 小组活动题目“改进工艺提高重型载重车装配一次合格率”是正确的。(　　)

A. 正确　　　　B. 错误

72. 整顿主要是为了排除空间的浪费。(　　)

A. 正确　　　　B. 错误

73. 各生产单位制定毛坯安全库存时，应综合考虑生产节拍、线边空间、运输时间和运输成本等，制定统一的投料批次和投料数量。(　　)

A. 正确　　　　B. 错误

74. 动改法体现了省力动作原则、省时动作原则、动作舒适原则、动作简化原则。(　　)

A. 正确　　　　B. 错误

75. 上道工序是下道工序的“顾客”，下道工序要为上道工序服务好。(　　)

A. 正确　　　　B. 错误

76. 推动 PDCA 循环的转动不是个人的力量，而是组织的力量、

集体的力量，更是整个企业全体职工推动的结果。(　　)

A. 正确　　　　　　　　　　　　B. 错误

77. 目标的可行性分析是指令性目标值问题解决型课题 QC 小组活动中必不可少的程序。(　　)

A. 正确　　　　　　　　　　　　B. 错误

78. 原始记录是运用数学和文字，按照规定的表格形式，对企业各类生产经营活动所做的最初的直接记录和分析对策。(　　)

A. 正确　　　　　　　　　　　　B. 错误

79. 改善就是通过对作业岗位的作业内容、人员不断优化，消除各种浪费的活动。(　　)

A. 正确　　　　　　　　　　　　B. 错误

80. 生产中，设备的正常运作与否、工具的好坏都会影响生产进度、产品质量。(　　)

A. 正确　　　　　　　　　　　　B. 错误

81. 班组长是现场管理的第一责任人。(　　)

A. 正确　　　　　　　　　　　　B. 错误

82. 质量管理是在质量方面指挥和控制组织协调的活动。活动包括质量方针、质量目标、质量策划、质量控制、质量保证和质量改进。(　　)

A. 正确　　　　　　　　　　　　B. 错误

83. 为防止工装误用，生产现场不能保留报废工装。(　　)

A. 正确 B. 错误

84. 对质量改进的成果进行总结，并进一步标准化是 PDCA 循环的 A 阶段工作。(　)

A. 正确 B. 错误

85. 库存浪费可以通过严格的生产计划与目标管理减少或消除。(　)

A. 正确 B. 错误

86. 问题是指现状与理想状态或基准之间的差距。(　)

A. 正确 B. 错误

87. 5S 管理是短时间的工作，只要做好了就可以结束。(　)

A. 正确 B. 错误

88. 为防止不良品的流出，应制定不良品追查要领，需明确进行工序内追查的方法。(　)

A. 正确 B. 错误

89. 价格低的标准件材料属于低值易耗品。(　)

A. 正确 B. 错误

90. 开展自主维修的基础是全员工作经验一年以上。(　)

A. 正确 B. 错误

91. 工作前要认真检查设备所使用工具等的状态，设备异常不严重的情况下可以继续作业。(　)

A. 正确 B. 错误

92. 有效劳动是指提前生产、超额完成任务，是劳动效率高的表现，是值得推广的。(　)

A. 正确　　B. 错误

93. 产品的质量特性通常包括舒适性、寿命、文明性、安全性、经济性。(　)

A. 正确　　B. 错误

94. 作业要领书是指技能员仅是看了就能理解的工作方法。(　)

A. 正确　　B. 错误

95. JIT 物料运动的目标是在正确的时间、以正确的方式、按正确的路线把正确的物料送到正确的地点。(　)

A. 正确　　B. 错误

96. 闭环控制原则的源头是人和设备。(　)

A. 正确　　B. 错误

97. 一定的顺序组合单个作业制成产品的标准，强调单个工序的作业方法叫标准作业。(　)

A. 正确　　B. 错误

98. QC 小组实施改进、解决问题所涉及的管理技术主要有三个方面：一是遵循循环管理；二是以条件为依据，用数据说话；三是统计方法的应用。(　)

A. 正确　　B. 错误

99. 班组每个职工既是生产者，又是管理者。(　)

A. 正确　　B. 错误

100. QC 小组活动题目“降低重型载重车制造成本”是正确的。(　)

A. 正确　　B. 错误

101. QC 小组的人数为 3~10 人。(　)

A. 正确　　B. 错误

102. DMAIC 是六西格玛管理中流程改善的重要工具。其中，I 代表控制。(　)

A. 正确　　B. 错误

103. 管理工作中组织生产是指在组织生产中应注意如何用好班组的全体成员，如何严格执行班组规章制度。(　)

A. 正确　　B. 错误

104. 通过对作业岗位的作业内容、人员不断优化等消除各种浪费的活动就是改善。(　)

A. 正确　　B. 错误

105. 持续进行涉及产品、过程和体系等方面的改进。(　)

A. 正确　　B. 错误

106. 班组长需要经常同生产管理组组长沟通，并且做到及时沟通，当生产进度出现问题时要分析原因并明确提出需要何种支持。(　)

A. 正确　　B. 错误

107. 定置管理太耽误时间，不如随意取放方便、省时。(　)

A. 正确　　B. 错误

108. 看板是将产品编号、产品名称、数量、库存地点、消耗地点、看板周转张数等信息集中反映在某一载体上，作为下道工序向上道工序取货的依据，同时也是生产线组织生产的指令。(　)

A. 正确　　B. 错误

109. 在工作程序中，上道工序永远是下道工序的顾客。(　)

A. 正确　　B. 错误

110. 操作者要按照图样、工艺或作业指导书等文件中所规定的项目、频次的要求对自己加工的工件进行检测。(　)

A. 正确　　B. 错误

111. 员工做好每日的基本点检是精益管理实施的关键。(　)

A. 正确　　B. 错误

112. 在 QC 小组活动中，不可抗拒因素也可以确定为主要原因。(　)

A. 正确　　B. 错误

113. 班组生产计划的内容包括：产品名称、数量、设计者和交货期。(　)

A. 正确　　B. 错误

114. 运输和等待在生产中是必须的，不存在浪费问题。(　)

A. 正确　　　　　　　　B. 错误

115. QC 小组的课题来源是上级下达的指令，不可以由自己确定。(　)

A. 正确　　　　　　　　B. 错误

116. 分厂车间定置只包括货架、箱柜、储存容器等。(　)

A. 正确　　　　　　　　B. 错误

117. 全面质量管理（TQM）是为了能够在最经济的水平上，考虑到充分满足用户要求的条件下进行市场研究、设计、生产和服务，把企业内各部门研制质量、维持质量和提高质量的活动构成一体的一种有效体系。(　)

A. 正确　　　　　　　　B. 错误

118. 班组生产管理任务就是提供优质的产品。(　)

A. 正确　　　　　　　　B. 错误

119. 等待的浪费是指待料，或机器设备自动加工时，操作员在机器旁监视。(　)

A. 正确　　　　　　　　B. 错误

120. 服务提供、服务资源对服务质量没有太大影响。(　)

A. 正确　　　　　　　　B. 错误

121. 小组活动选题常用的方法有调查表、简易图表、排列图、亲和图、头脑风暴法等。(　)

A. 正确　　　　　　　　B. 错误

122. 成本改善是通过彻底排除生产制造过程中的各种浪费，降低成本的活动。(　)

A. 正确　　B. 错误

123. 班组长要控制生产的进度和目标。安排员工做事以后，对于他做得怎么样，要进行检查和控制。(　)

A. 正确　　B. 错误

124. 在对物料进行控制时，库存分类管理的原则就是，价值越高的库存，存量应该越高。(　)

A. 正确　　B. 错误

125. PDCA 的改善循环只要一次就足够了，不需要再进行第二次循环。(　)

A. 正确　　B. 错误

126. 组织应针对质量管理体系活动中发现的所有不合格采取纠正措施。(　)

A. 正确　　B. 错误

127. 变化点管理的五个方面包括人、机、料、法、环。(　)

A. 正确　　B. 错误

128. 改善就应该有大的改变，小的变化不算改善。(　)

A. 正确　　B. 错误

129. 在质量管理体系运行和审核中，记录的作用是指导作业人员操作。(　)

A. 正确　　　　　　　　B. 错误

130. 项目是一个组织为实现目标，在一定的时间、人员和其他资源的约束条件下，所开展的一种有一定独特性的一次性工作。(　　)

A. 正确　　　　　　　　B. 错误

131. 因果图就是以不同区分标准对所收集的数据加以整理、分类，计算出各分类项目所占的比例而按照大小顺序排列，再加上累积值的图形。(　　)

A. 正确　　　　　　　　B. 错误

132. TPM 小组活动：一般由 3-10 人组成，小组有活动目标，目标与公司目标一致。(　　)

A. 正确　　　　　　　　B. 错误

133. 班组长现场管理必须具备的意识有：问题意识、主观意识、时间意识。(　　)

A. 正确　　　　　　　　B. 错误

134. 标准作业组合票以图表的形式展现操作者作业范围及操作顺序。(　　)

A. 正确　　　　　　　　B. 错误

135. 5S 使现场管理水平不断提升，让员工养成良好的习惯，加强 5S 活动的深化，使之成为一种习惯和文化。(　　)

A. 正确　　　　　　　　B. 错误

136. 产品质量问题是检验出来的，与制造过程无关。(　　)

A. 正确　　B. 错误

137. 作业后追控指在事后进行分析、检查、总结、处理，为下一次循环打好基础。(　　)

A. 正确　　B. 错误

138. 消除浪费的目的之一是增加产品的价值。(　　)

A. 正确　　B. 错误

139. 班组生产要严格执行上一级的指定计划，要认真理解、吃透下达的生产作业计划，按经济、适应、科学、均衡的原则安排生产。(　　)

A. 正确　　B. 错误

140. ISO 标准是指由国际标准化组织（International Organization for Standardization，ISO）制定的标准。(　　)

A. 正确　　B. 错误

141. 顾客满意是指顾客对其要求已被满足的程度的感受。(　　)

A. 正确　　B. 错误

142. 如果公司级质量指标为一次交检合格率，那么车间和班组的指标都应该是一次交检合格率。(　　)

A. 正确　　B. 错误

143. 产品不能满足使用者的要求就是浪费。(　　)

A. 正确　　B. 错误

144. 出现问题不能自行拆修是操作人员在现场使用量检具时的注意事项。(　　)

A. 正确　　B. 错误

145. 作业标示板内容是由公司统一规定的，可以结合实际需求增加的相关信息。(　　)

A. 正确　　B. 错误

146. 质量检查点的设置有留存样件的要求，这个样件指的是首件。(　　)

A. 正确　　B. 错误

147. 在 5S 的整理活动中，界定要与不要的依据是物品的使用价值。(　　)

A. 正确　　B. 错误

148. “问题解决型自选目标值” QC 小组的活动程序是①选择课题；②现状调查；③设定目标；④分析原因；⑤确定主要原因；⑥制定对策；⑦按对策实施；⑧检查效果；⑨制定巩固措施；⑩总结和下一步打算（　　）

A. 正确　　B. 错误

149. 生产现场增值的活动包括返修，因为其可以消除质量缺陷。(　　)

A. 正确　　B. 错误

150. 搬运时压一压是指压缩搬运距离、次数、时间和空间。(　　)

A. 正确　　　　　　　　　　B. 错误

151. 产品质量特性的经济性，是指产品的所有成本和费用。(　)

A. 正确　　　　　　　　　　B. 错误

152. 企业追求的终极目标是产品符合标准。(　)

A. 正确　　　　　　　　　　B. 错误

153. 质量策划、控制计划和质量计划是 APQP 的输出文件。(　)

A. 正确　　　　　　　　　　B. 错误

154. 全面质量管理是指企业为了保证和提高产品和服务质量，综合运用一整套质量管理体系、手段和方法所进行的系统性管理活动。(　)

A. 正确　　　　　　　　　　B. 错误

155. 准时化生产强调准时和按需要生产，它要求生产过程中各个环节衔接的准时化，没有不必要的物流停顿和库存。(　)

A. 正确　　　　　　　　　　B. 错误

156. 工艺节拍是按照产量纲领计算出来的，若不通过设备改造将长期不发生变化。生产节拍是柔性可变的，在市场需求发生变化时，生产节拍将随即发生相应的变化。(　)

A. 正确　　　　　　　　　　B. 错误

157. 生产率测评是生产率提高的前提，是生产率管理系统过程的中心环节和实质内容之一。(　)

A. 正确　　　　　　　　　　B. 错误

158. 价值只能由最终客户确定。( )

A. 正确 B. 错误

159. 班组有权领料人负责现场急用物料的领用。( )

A. 正确 B. 错误

160. 质量是企业的生命线，确保质量是班组一切工作的出发点和归属点。( )

A. 正确 B. 错误

161. 为保证库存管理的科学性，应遵循先入后出的库存管理原则。( )

A. 正确 B. 错误

162. 操作者为了保证自身不受到伤害，最首要的是要遵守安全规定。( )

A. 正确 B. 错误

163. 有效运用科学的管理方法，对人、机、料、法、环、安全等生产现场的各要素进行有效的组织、协调和控制是班组现场管理的主要内容。( )

A. 正确 B. 错误

164. 标准作业执行符合度越高，产品的一致性就越高，但不代表产品的质量就越高。( )

A. 正确 B. 错误

165. 以生产工艺过程为主线进行危险源识别可选用工作危害分析

“（JHA）法”。（　）

A. 正确　　　　B. 错误

166. 编制作业指导书验收前准备工作安排是开工前明确工作任务，根据需要进行现场勘察；编制设备检修或工程竣工验收说明，组织验收人员学习验收工作要求、熟悉设计施工图纸及相关图纸和验收记录卡填报要求。如有疑问，应在验收预备会上及时提出，予以解决；填写工作票，经许可后方可工作；工器具准备，车辆、人员安排，验收时间、地点确定；其他需与施工单位联系协调的工作。（　）

A. 正确　　　　B. 错误

167. 物品的摆放一般要根据物品的形状分类进行摆放。（　）

A. 正确　　　　B. 错误

168. 员工必须遵守和执行标准化作业，且标准不能改变。（　）

A. 正确　　　　B. 错误

169. 少人化是适应生产量的变动，调整人员编制。（　）

A. 正确　　　　B. 错误

170. 浪费不止包括不增加价值的活动。（　）

A. 正确　　　　B. 错误

171. 质量检验的标准与规范必须不断改进。（　）

A. 正确　　　　B. 错误

172. 标准手持是指按作业顺序作业时，能以重复相同的步骤进行

作业，且必须在工序内设置的最小在制品库存。( )

A. 正确　　　　B. 错误

173. 交付不是生产管理中的生产三要素之一。( )

A. 正确　　　　B. 错误

174. 标准作业观察不仅要观察是否遵守了标准作业，还要发现困难作业。( )

A. 正确　　　　B. 错误

175. 班组长要用 5WIH 进行管理，即以 When（何时）、Where（何处）、Who（谁）、What（做什么）、Why（为何）、How（如何）为基础进行整理，养成汇报的习惯，使工作岗位得以固定。( )

A. 正确　　　　B. 错误

176. 层别法是将群体资料进行分层，使层内的差异变大，而各层之间的差异变小，以便于进行分析。( )

A. 正确　　　　B. 错误

177. 当质量缺陷发生时，必须第一时间通知操作者。( )

A. 正确　　　　B. 错误

178. 零缺陷管理是一种结果导向的绩效突破法。( )

A. 正确　　　　B. 错误

179. 质量文化会直接影响到企业的产品质量。( )

A. 正确　　　　B. 错误

180. 目视化管理的目的是把工厂潜在的大多数正常状态显性化，变成谁都一看就明白的事。（　）

A. 正确　　B. 错误

181. 5S 活动是开展安全、质量、成本等基础保障，要将 5S 活动作为工作中的一部分，使之常态化。（　）

A. 正确　　B. 错误

182. 现场 5S 的问题是执行力问题，不需要按照问题解决步骤进行反思、对策和横展。（　）

A. 正确　　B. 错误

183. 整理主要是将必需物品与非必需物品区分开，在岗位上可放置必需物品和非必需物品。（　）

A. 正确　　B. 错误

184. 参加 QC 小组的人员是企业的全体员工，不管是高层领导，还是一般管理者、技术人员、工人、服务人员，都可以组织 QC 小组。（　）

A. 正确　　B. 错误

185. 提高质量能带来全社会的效益，但是生产企业的成本会增加，因为质量越高，成本也越高。（　）

A. 正确　　B. 错误

186. 精益生产的品质管理强调要在事前预防不合格品的产生。（　）

A. 正确　　　　　　　　B. 错误

187. 质量文化是由物质文化层、制度文化层、奖惩文化层三个层次构成的。(　)

A. 正确　　　　　　　　B. 错误

188. 产品质量特性的舒适性，是服务过程的不舒适程度。(　)

A. 正确　　　　　　　　B. 错误

189. 班组长是实施质量控制和质量改进的领导者和组织者。(　)

A. 正确　　　　　　　　B. 错误

190. 通过绘制直方图可以找到问题的重点。(　)

A. 正确　　　　　　　　B. 错误

191. 标准作业不只针对人的动作，也受设备条件的限制。(　)

A. 正确　　　　　　　　B. 错误

192. 生产线的盘点相当重要，而盘点时具体操作人员应当由现场员工执行。(　)

A. 正确　　　　　　　　B. 错误

193. 持续改进总体业绩应当是组织的一个永恒目标。(　)

A. 正确　　　　　　　　B. 错误

194. 对不合格零部件进行标识的主要目的是确保产品的可追溯性。(　)

A. 正确　　　　　　　　B. 错误

195. “现状调查”是自选目标值问题解决型课题 QC 小组活动中

必不可少的程序。(　　)

A. 正确　　　　　　　　B. 错误

196. 根据原因之间的亲近程度对各种意见、观点和想法进行分类、整理、归纳和总结的工具方法是因果矩阵。(　　)

A. 正确　　　　　　　　B. 错误

197. 标准化是效率改善的重要步骤之一。(　　)

A. 正确　　　　　　　　B. 错误

198. 质量保证是将测量的实际质量结果与标准进行对比，并对其差异采取措施的调节管理过程。(　　)

A. 正确　　　　　　　　B. 错误

199. 物料周转越忙，说明企业越赚钱。(　　)

A. 正确　　　　　　　　B. 错误

200. 订货点也称警戒点。当库存量下降到一定数量、到达某个时间或者某个剩余库存量时，就必须要发出订货通知进行订货，该库存量称为订货点。(　　)

A. 正确　　　　　　　　B. 错误

201. “四措”是指戴安全帽、停电、验电、接地。(　　)

A. 正确　　　　　　　　B. 错误

202. 某服务班组通过识别顾客的具体需求，将车间的指标顾客满意度分解为顾客等待时间，以作为班组活动的衡量指标，目标值则定为顾客等待时间小于 3 秒钟。(　　)

A. 正确　　　　　　　　B. 错误

203. 在生产现场，不利于生产、不符合客户要求的任何事情都是浪费。(　)

A. 正确　　　　　　　　B. 错误

204. 让员工意识到 5S 和工作中的指标一样，是工作内容的重要组成部分，通过一定的方式并花费一定的时间让员工把 5S 行为习惯化。(　)

A. 正确　　　　　　　　B. 错误

205. 由于质量特性是人为变换的结果，因此我们所得到的或确定的质量特性实质上是相对于顾客需要的一种代用特性。这种变换的准确与否直接影响着顾客的需要能否得到满足。(　)

A. 正确　　　　　　　　B. 错误

206. “三控”指的是进料控制、过程控制和成品控制。(　)

A. 正确　　　　　　　　B. 错误

207. 丰田的“一个流”管理模式采用的在线库存管理模式是 JIT 模式。(　)

A. 正确　　　　　　　　B. 错误

208. 生产线异常问题是指导致生产线不能作业或连续作业的所有问题。(　)

A. 正确　　　　　　　　B. 错误

209. 将现场不产生任何附加价值的活动统称为浪费，这个浪费是

站在操作者的角度评价的。(　)

A. 正确　　B. 错误

210. 标准作业指导书只是在使用的时候才拿出来参考一下，平时需要妥善保存在文件夹中。(　)

A. 正确　　B. 错误

211. 动作要素减一减是指查出合理的工艺路线。(　)

A. 正确　　B. 错误

212. FMEA 失效性模式评估中风险值在 10 时是低风险。(　)

A. 正确　　B. 错误

213. “提出各种方案并确定最佳方案”是创新型课题 QC 小组活动中必不可少的程序。(　)

A. 正确　　B. 错误

214. 5S 中的整理（Seiri）：随时将现场物品分成有用和无用两类，及时将无用的物品清除出现场。(　)

A. 正确　　B. 错误

215. QC 小组组建前需经部门领导批准，只有经过批准，小组才可以开展活动。(　)

A. 正确　　B. 错误

216. 出现产品质量问题就是检查员没有检验出来，与制造过程无关。(　)

A. 正确　　B. 错误

217. 质量需要持续改进。(　　)

A. 正确　　　　　　B. 错误

218. 精益生产方式在质量管理上的基本观念是质量是检验出来的，而不是制造出来的。(　　)

A. 正确　　　　　　B. 错误

219. 班组现场管理涉及要素包括：人员、设备、材料、方法、环境、能源、信息和时间。(　　)

A. 正确　　　　　　B. 错误

220. 八项质量管理原则的基础是全员参与。(　　)

A. 正确　　　　　　B. 错误

221. 标准作业指导书的编制依据是技术部提供的控制计划、QC工程表、技术问题通知单、工艺卡等技术文件。(　　)

A. 正确　　　　　　B. 错误

222. 瓶颈岗位职员的产出能直接决定班组的产出。(　　)

A. 正确　　　　　　B. 错误

223. 动作的浪费是指不给产品增加价值的设备和人员的作业。(　　)

A. 正确　　　　　　B. 错误

224. 质量管理体系需要持续改进。(　　)

A. 正确　　　　　　B. 错误

225. 班组管理看板是班组长辅助班组管理的有力工具，因此，它

首先为班组长自己的工作服务。(　　)

A. 正确　　B. 错误

226. 改善总结是针对某一问题改善过程回顾检查的一种书面材料，只要描述改善措施就可以，不需要有结果。(　　)

A. 正确　　B. 错误

227. 改善就是要不断地消除浪费。(　　)

A. 正确　　B. 错误

228. 顾客满意是指顾客对其要求已被满足的程度的感受，当感知质量等于认知质量时，顾客就会高度满意。(　　)

A. 正确　　B. 错误

229. 项目管理中客户的利益应当最大化，其他利益相关人的利益能够忽略。(　　)

A. 正确　　B. 错误

230. 在5S的“整理”活动中界定“要”与“不要”的依据是物品的使用价值。(　　)

A. 正确　　B. 错误

231. 生产作业现场要做到“禁三超”，具体内容为超能力、超强度、超定员。(　　)

A. 正确　　B. 错误

232. 一个不好的微小机制，若不及时引导调节，也会带来大的灾难。(　　)

A. 正确　　　　　　　　B. 错误

233. 开展以改善为目的的标准作业测试时，应选择最熟练、最不熟练的操作者各一名分别进行测试。(　　)

A. 正确　　　　　　　　B. 错误

234. BOM 表中，物资编码是管理的核心部分。(　　)

A. 正确　　　　　　　　B. 错误

235. 质量三原则包括不接受不良品、不制造不良品、不流出不良品。(　　)

A. 正确　　　　　　　　B. 错误

236. 质量记录要防止非授权地调用、更换，除征得所在部门经理同意以外，所有任何人员都不得随意调用。(　　)

A. 正确　　　　　　　　B. 错误

237. 检验、等待、搬运等活动属于不增加价值的活动，属于浪费。(　　)

A. 正确　　　　　　　　B. 错误

238. 班组生产计划形成的一般顺序：确定目标→掌握信息→分析现状→制订计划→计划审批→计划的实施与更改。(　　)

A. 正确　　　　　　　　B. 错误

239. 作业的标准化就是要求每一个岗位、每一道工序都有一份作业指导书，然后检查员工是否按照作业指导书的要求工作。(　　)

A. 正确　　　　B. 错误

240. 标准化生产可以减少浪费、不均衡及过负荷，大大降低成本。(　)

A. 正确　　　　B. 错误

241. QC 小组活动题目“争创世纪大厦鲁班奖”是正确的。(　)

A. 正确　　　　B. 错误

242. 看板的三大作用不包括控制生产系统动态的自我完善。(　)

A. 正确　　　　B. 错误

243. 产品是检验出来的，而不是生产出来的。所以班组管理要着重关注生产任务是不是能按时完成。(　)

A. 正确　　　　B. 错误

244. QC 小组活动题目“研制重型载重车防爆安全系统”是正确的。(　)

A. 正确　　　　B. 错误

245. PDCA 循环法是一个不断循环使用的解决问题的方法。(　)

A. 正确　　　　B. 错误

246. 质量功能展开（QFD）是以质量屋为分析工具、以优化分析技术为指导的产品设计方法，其核心是把顾客需求转化为关键产品特征。(　)

A. 正确　　　　B. 错误

247. 开工前应对检测设备进行点检、确认。(　)

A. 正确 B. 错误

248. 8D 问题解决法一般认为是由福特公司所创的，但 8D 问题解决法是由美国国防部在 1974 年创立的，描述 8D 问题解决法的标准称为 MIL-STD 1520 Corrective Action and Disposition System for Nonconforming Material。此标准已在 1995 年废止，福特汽车也在汽车产业使用了类似的做法，后来也有许多电子公司开始使用。（ ）

A. 正确 B. 错误

249. 问题基本都发生在现场，问题解决和职能部门管理人员无关，不需要进行问题解决。（ ）

A. 正确 B. 错误

250. 5S 活动就是定期对班组工作场所进行 5S 检查评比。（ ）

A. 正确 B. 错误

251. 标准作业文件应由车间工艺员负责编制，班组长只要按照标准作业文件进行作业观察即可。（ ）

A. 正确 B. 错误

252. 作业指导文件包括作业分解、主要步骤、关键点、关键点的理由、作业示意图。（ ）

A. 正确 B. 错误

253. 即使有些动作被认为是必要的行为，但如果不能产生价值，那么也是浪费。（ ）

A. 正确　　B. 错误

254. 关键工序需要进行外包时，必须征得顾客同意。(　)

A. 正确　　B. 错误

255. 特性要因图是为了分类收集各种数据、防止忘记进行检查核对，只要核对一下就可以很简单地掌握情况而制作的图表。(　)

A. 正确　　B. 错误

256. 班组长的主要工作内容是保证安全、优质、快速、低耗施工。(　)

A. 正确　　B. 错误

257. 标准作业是实现均衡生产和“一个流”生产的一个重要前提，它要求所有的作业人员都必须在节拍时间内完成单位制品所需要的全部作业，并以此为基础，对正确作业人员进行训练，对正确工序进行改善。(　)

A. 正确　　B. 错误

258. 统计技术适用于所有组织。(　)

A. 正确　　B. 错误

259. 品质管理中，1∶10∶100 法则中的 10 指 100 个微小的品质隐患，可导致 10 个中型的品质问题。(　)

A. 正确　　B. 错误

260. 最早提出全面质量管理概念的是美国的戴明博士。(　)

A. 正确 B. 错误

261. 质量管理常用的方法有原因分析法和生产过程控制法。( )

A. 正确 B. 错误

262. 班组生产中学会使用班组成本月报及日统计发现问题，然后利用立项手段解决问题，对于解决的成果，用一节课的方法对班内相关人员进行培训，最后用班组月报评价成果。( )

A. 正确 B. 错误

263. 过去的实际成绩、生产中存在的问题因素——这两个方面是班组的质量管理指标制定的依据。( )

A. 正确 B. 错误

264. “零缺陷”是克劳斯比提出的。( )

A. 正确 B. 错误

265. 排列图所显示的项目一般不少于 3 项，最多不宜超过 8 项。当少于 3 项时，可用简易图表代替（如饼图）。( )

A. 正确 B. 错误

266. 库存的浪费会使先进先出变得困难。( )

A. 正确 B. 错误

267. 按照标准的约束力分类，标准可以分为国家标准和企业标准。( )

A. 正确 B. 错误

268. 班组员工操作后自检是一种事后把关型的质量管理，因此不

是一种积极的质量管理方式。(　　)

A. 正确　　B. 错误

269. 质量指在价格、性能、操作性、外观、耐久性等方面，客户都满意。(　　)

A. 正确　　B. 错误

270. 精益生产认为库存浪费是万恶之源。(　　)

A. 正确　　B. 错误

271. 班组管理工作中，只有质量管理需要遵循 PDCA 循环。(　　)

A. 正确　　B. 错误

272. 改善只局限于生产现场。(　　)

A. 正确　　B. 错误

273. 车辆装货时，应遵循重不压轻、后送后装原则。(　　)

A. 正确　　B. 错误

274. 生产现场的工作标准可以分解成三个有明显区别的部分：一是管理工作标准，二是工作程序标准，三是班组长工作标准。(　　)

A. 正确　　B. 错误

275. 精益生产方式组织生产过程的基本做法是用拉动式管理替代推动式管理。(　　)

A. 正确　　B. 错误

276. 产品生产周期中的时间，不包括必须时间。(　　)

A. 正确 B. 错误

277. 高质量、高认可问题应该让全体员工参与，尽量地多征求员工的意见。( )

A. 正确 B. 错误

278. 和谐的氛围是素养的基础。( )

A. 正确 B. 错误

279. 质量认证制度是由政府主管部门对企业的产品及质量体系做出的正确可靠的评价，从而使社会对企业的产品建立信心。( )

A. 正确 B. 错误

280. 班组长现场分析要素包括，分析现有工作流程，分析工作环境、员工的作业方式和设备、设施的配置，分析作业者的动作，分析现场材料和工具。( )

A. 正确 B. 错误

281. 控制图中的 UCL、LCL 分别是规格上限、规格下限。( )

A. 正确 B. 错误

282. 一般而言，投诉抱怨的顾客是好顾客，他们成为忠诚客户的比例会比较高。( )

A. 正确 B. 错误

283. 管理现场物料质量的要素有：1. 复查来料检验的合格率，在上线之前再次确认；2. 现场物料存放地点按质量要求做到对

温度、湿度、尘埃、污染物的控制；3. 现场物料质量管理同样可以使用可视化管理工具。(　)

A. 正确　　B. 错误

284. 不可进行交叉清扫作业，并要遵守从低到高、从外到内的清扫原则。(　)

A. 正确　　B. 错误

285. 处置不合格品的方法可以是返修。(　)

A. 正确　　B. 错误

286. 5S 活动看不到经济效益，假设不能带来经济效益，不做也罢。(　)

A. 正确　　B. 错误

287. 质量检验所提供的客观证据是要证实产品的质量特性满足规定要求。(　)

A. 正确　　B. 错误

288. 所谓作业要领书，是指技能员仅是看了就能理解的工作方法。(　)

A. 正确　　B. 错误

289. 质量不仅要符合标准、满足需要和赢得市场，还要满足国家和企业生存与发展的战略性需求，质量的内涵是永恒不变的。(　)

A. 正确　　B. 错误

290. 采用 MRP 模式进行在线库存管理时，所用物料需要一个临时的物料编码。(　)

A. 正确　　B. 错误

291. 在实际工作中，高效率一定会出高效益。(　)

A. 正确　　B. 错误

292. 保证质量主要是质量部门的事，只要质量部门加强检验就能保证产品质量。(　)

A. 正确　　B. 错误

293. 关于服务性产品，顾客满意度与顾客的主观感受有关，因此应依照不同的顾客需求决定服务内容和程序。(　)

A. 正确　　B. 错误

294. 没有质量意识的劳动者认为只要保证完成了任务就是有效的劳动。(　)

A. 正确　　B. 错误

295. 提前生产、超额完成任务是劳动效率高的表现，属于有效劳动。(　)

A. 正确　　B. 错误

296. 班组规范化管理中的“三定”是定岗、定责、定薪。(　)

A. 正确　　B. 错误

297. 变化点管理的目标就是无论哪种要素发生变化，都必须保证本工位的产品质量合格。(　)

A. 正确　　B. 错误

298. 需对正确变化点的发生提前做好预知和正确预案，从而减少由于变化点产生的质量缺陷。（　）

A. 正确　　B. 错误

299. 缺陷是指与预期/规定用途有关的不合格。（　）

A. 正确　　B. 错误

300. QCDS 指标中 Q 是指成本。（　）

A. 正确　　B. 错误

301. 库存物料多多益善，以防止断货，影响工作进程不属于物料目视化管理的要点。（　）

A. 正确　　B. 错误

302. 合格率达到 100% 意味着产品生产各工序均一次合格。（　）

A. 正确　　B. 错误

303. PDCA 循环是现场管理的重要工具，包含计划、实施、检查、处理改善四个阶段。（　）

A. 正确　　B. 错误

304. 制造现场的问题可分为发生型问题和设定型问题。（　）

A. 正确　　B. 错误

305. 改善活动对个人而言，既能增加表现自我的机会，也能提高荣誉感。（　）

A. 正确　　B. 错误

306. 班组多做产品能提高效率，提前做好能减少产能损失。(　)

A. 正确　　B. 错误

307. 建立岗位职责制，以标准作业指导书为前提，制定质量考核标准，达到事事有考核的考评责任制。(　)

A. 正确　　B. 错误

308. 企业组织生产经营活动的基本单位是个人。(　)

A. 正确　　B. 错误

309. 六西格玛管理仅是适合于制造过程质量改进的工具。(　)

A. 正确　　B. 错误

310. 划定位置停止线要求每道工序的操作者只能在各自的作业区域内工作，不能跨区域作业，如果在区域内不能完成，应该停止生产线。(　)

A. 正确　　B. 错误

311. 直方图是用一系列宽度相等、高度不等的长方形表示数据的图。(　)

A. 正确　　B. 错误

312. 生产线当日上线数量有可能小于入库产量。(　)

A. 正确　　B. 错误

313. 服务质量特性的安全性是指服务过程中顾客的生命和财产不受伤害和损失。(　)

A. 正确　　B. 错误

314. 消除非增值活动是企业在稳定质量的情况下降低成本的最佳方法。（ ）

A. 正确 B. 错误

315. 标准作业的节拍时间是由现场生产能力决定的。（ ）

A. 正确 B. 错误

316. 5S 实施的目的不包括提高企业整体形象。（ ）

A. 正确 B. 错误

317. 可以用定置管理来实现对班组现场人员的管理。（ ）

A. 正确 B. 错误

318. 品质的管理重点是过程，通过改善提升过程管控能力。（ ）

A. 正确 B. 错误

319. 操作人在操作过程中不得有任何未经监护人同意的操作行为。（ ）

A. 正确 B. 错误

320. 班组要根据上级下达的任务，合理编制生产作业计划，科学合理地安排劳力和工时，做到任务到岗，责任到人。（ ）

A. 正确 B. 错误

321. 班组生产中一旦出现突发事件，班组长必须坚持“马上现场，马上现品，马上现象”的原则。（ ）

A. 正确 B. 错误

322. 节拍时间即周期时间。（ ）

A. 正确　　　　　　　　B. 错误

323. 标准作业指导书应进行审核和审批，并实施动态管理，及时进行补充完善。(　　)

A. 正确　　　　　　　　B. 错误

324. 班组工作场所脏乱没关系，业务好就行。(　　)

A. 正确　　　　　　　　B. 错误

325. 精益的本质是消除生产过程中增值少的环节，保留增值多的环节。(　　)

A. 正确　　　　　　　　B. 错误

326. 现场巡查是生产管理中非常重要的一个环节。(　　)

A. 正确　　　　　　　　B. 错误

327. 各类记录报表须整洁、真实准确，不得缺损、缺页、缺失。(　　)

A. 正确　　　　　　　　B. 错误

328. 整理、整顿是塑造良好工作环境、确保安全生产的前提。(　　)

A. 正确　　　　　　　　B. 错误

329. 业绩好就不需要 5S 活动和其他改善活动了。(　　)

A. 正确　　　　　　　　B. 错误

330. 不增加价值的活动就是浪费。虽然是增加价值的活动，但所用的资源超过了绝对最少的界限，也是浪费。(　　)

A. 正确　　B. 错误

331. 当发现标准作业以外的作业时，为了不影响作业者作业，可以等到休息时再进行纠正与指导。(　)

A. 正确　　B. 错误

332. 非瓶颈资源的充分利用不仅不能提高生产效率，还会使库存和运行费用增加。(　)

A. 正确　　B. 错误

333. 实物管理的“先进先出”是指生产日期在后的产品先发出。(　)

A. 正确　　B. 错误

334. 制订物料需求计划，首先要确定产品需求计划。(　)

A. 正确　　B. 错误

335. 班组生产的产品不能满足用户的要求就是浪费。(　)

A. 正确　　B. 错误

336. 库存浪费不会增加资源和管理难度，但是会掩盖问题，造成其他浪费。(　)

A. 正确　　B. 错误

337. 产品质量特性的安全性，是指产品保证顾客的生命、财产不受损失的能力。(　)

A. 正确　　B. 错误

338. 利用动作经济原则作为改善工具，其重点在于通过改变整个

制造程序的工作计划、工作说明书的内容、不良的机器、生产进度跟催或耽搁等问题，使工人工作效率提高，身心舒适愉快。(　)

A. 正确　　B. 错误

339. 当执行状态与原设定状态发生了改变时，生产现场的人、机、料、法、环 5 个方面中，任何一个发生了改变就是一个变化点。(　)

A. 正确　　B. 错误

340. 班组现场改善四项原则是：取消、合并、重排、简化。(　)

A. 正确　　B. 错误

341. 在节拍不变的情况下，库存量越大，生产周期越短。(　)

A. 正确　　B. 错误

342. 产品的检验测量必须由专职检验员来进行。(　)

A. 正确　　B. 错误

343. 5S 管理中的“整理”环节要求我们区分需要和不需要物品，工作场所只放置需要的物品。但如果其属于非常贵重的物品，虽然现场用不上，但也应在现场妥善保管。(　)

A. 正确　　B. 错误

344. 工艺人员的主要任务是完善制造工艺，不需要深入现场。(　)

A. 正确　　B. 错误

345. 整理、整顿对形成重复劳动造成浪费的根治来说容易理解和重视，但无形的浪费却易被忽视，如无谓地提高产量、质量，做无用功。(　)

A. 正确　　　　　　　　　B. 错误

346. 质量改进的步骤是：(1)现状调查：抓住关键的少数，即抓主要矛盾。(2)原因分析：一直要分析到能采取对策措施时为止。(3)确定主要原因：步步缩小包围圈，集中力量打歼灭战。(4)制定对策：采用 5W1H 的方法制定对策。(5)实施对策：落到实处、落到每个人头上。(6)检查效果；首先要和目标值对照，要从多角度、多层次、多方面检查对照。(7)制定巩固措施：将成功的经验和工艺制度化、标准化。(8)遗留问题和下一步打算。(　)

A. 正确　　　　　　　　　B. 错误

347. 只要班组长长期性展开作业观察，标准作业的有效执行就有了保证。(　)

A. 正确　　　　　　　　　B. 错误

348. 企业应运用定位、划线、挂标识牌等方法对作业区域及安全进行可视化，使员工能及时发现现场问题，从而及时解决或预防。(　)

A. 正确　　　　　　　　　B. 错误

349. 增值工作是直接创造价值或增加 / 改变产品属性的工

作。( )

A. 正确 B. 错误

350. 巩固措施过程只需要把小组在本次改善中采取的行之有效的措施纳入相关标准和制度即可。( )

A. 正确 B. 错误

351. 实物数量少于规定的单元包装量属于包装短缺。( )

A. 正确 B. 错误

352. 清扫的目的：通过制度化来维持成果，并显现异常之所在。( )

A. 正确 B. 错误

353. 流水线型生产按节拍进行，各个工序同期进行作业，重复相同的作业内容。( )

A. 正确 B. 错误

354. 一天实际劳动时间指的是投入生产的时间，其中要除去计划停止生产的时间，比如计划停机时间、培训时间、休息时间，但是不除去设备发生故障、生产不合格品、待料的时间。( )

A. 正确 B. 错误

355. 5S 管理是一种活动式的方式，在企业需要的时候进行就可以。( )

A. 正确 B. 错误

356. PLM 是一种应用于单一地点的企业内部、分散在多个地点的企业内部，以及产品研发领域中具有协作关系的企业之间的，支持产品全生命周期的信息的创建、管理、分发和应用的一系列应用解决方案，它能够集成与产品相关的人力资源、流程、应用系统和信息。(　)

A. 正确　　B. 错误

357. QC 小组工作一般应遵循“必须参加，上下结合”与“实事求是，灵活多样”的基本原则。(　)

A. 正确　　B. 错误

358. 异常发生时应该遵守的“三原则”是停止、呼叫、等待。(　)

A. 正确　　B. 错误

359. 改善是生产现场的事情。(　)

A. 正确　　B. 错误

360. 循环时间是指按照操作顺序进行一个循环作业最长的时间。(　)

A. 正确　　B. 错误

361. 普遍认为生产现场存在七大浪费，不产生任何附加价值的活动统称为浪费。这个浪费是站在客户的角度评价的。(　)

A. 正确　　B. 错误

362. 各类不合格品、报废品必须及时清理、处置。(　)

A. 正确　　　　　　　　B. 错误

363. 班组应按规定对从业人员进行与其岗位相关的安全教育培训，使其具备相应的安全操作技能。(　　)

A. 正确　　　　　　　　B. 错误

364. 全面生产维护要求的参与人员是设备维修人员。(　　)

A. 正确　　　　　　　　B. 错误

365. 进行动火作业可以不与生产作业隔绝。(　　)

A. 正确　　　　　　　　B. 错误

366. 这些物品是什么，我知道就行，标识与否没关系，这样可以减少消费。(　　)

A. 正确　　　　　　　　B. 错误

367. 控制图的上、下控制限就是区分偶然波动与异常波动的科学界限。(　　)

A. 正确　　　　　　　　B. 错误

368. 5S 管理需要全员参与，如果有部分成员就是跟不上进度，或内心抵制，5S 管理就会失败。(　　)

A. 正确　　　　　　　　B. 错误

369. 采取纠正措施，消除产生不合格的原因，其目的是避免不合格的情况再次发生。(　　)

A. 正确　　　　　　　　B. 错误

370. 统计过程控制（SPC）的定义：通过统计分析的手段，对构

成测量系统的各个影响因子进行统计变差分析和研究，以得到测量系统是否准确可靠的结论。(　　)

A. 正确　　B. 错误

371. JIT 指准时生产方式，是日本丰田汽车公司实行的一种生产方式。准时生产方式的根本思想可概括为“在需要的时候，按需要的量生产所需的产品”，也就是通过生产的方案和控制及库存的管理，追求一种无库存，或库存最少的生产系统。为此开发了包括“看板”在内的一系列具体方法，并逐渐形成了一套独具特色的生产经营体系。(　　)

A. 正确　　B. 错误

372. 纠正措施与预防措施也属于持续改进的措施。(　　)

A. 正确　　B. 错误

373. 处于生产工序环节中的班组，下道工序是其顾客，上级、职能部门等都是班组的相关方。(　　)

A. 正确　　B. 错误

374. 目视化安全管理是将危险的事物予以警示，刺激人的视觉，唤醒人的安全意识，防止事故、灾难的发生。(　　)

A. 正确　　B. 错误

375. 生产派工是指做好生产作业准备以后，根据安排好的作业顺序和进度，将生产作业任务分解到各个生产员工身上的过程。(　　)

A. 正确　　　　　　　　B. 错误

376. 工作岗位的物品过多时，就可以增加工作台。(　)

A. 正确　　　　　　　　B. 错误

377. 中国从 1978 年开始推行全面质量管理和开展 QC 小组活动，至今已经 40 多年了。(　)

A. 正确　　　　　　　　B. 错误

378. 上下道工序员工之间也要互检，即下工序加工的产品要求上工序员工进行再检查。(　)

A. 正确　　　　　　　　B. 错误

379. KYT 为危险预知训练，是员工对安全方面的隐患进行预防的训练。(　)

A. 正确　　　　　　　　B. 错误

380. PDCA 管理的循环八个阶段分别是目标、方法、条件、实施、过程检查、结果诊断、应急措施、再发防止。(　)

A. 正确　　　　　　　　B. 错误

381. 所谓安灯是指能瞬时反映生产现场状态，多人多方向可以瞬时判断生产正常与否的信息窗口装置，如电子显示板、各类报警灯等。(　)

A. 正确　　　　　　　　B. 错误

382. 班组质量特性值控制在规定的波动范围内，使工序处于受控状态，稳定生产合格产品，有效控制班组质量成本。(　)

A. 正确　　　　　　B. 错误

383. 整顿中所要求的摆放整齐就是排列整齐。(　)

A. 正确　　　　　　B. 错误

384. 顾客没有投诉就说明顾客没有不满意。(　)

A. 正确　　　　　　B. 错误

385. 标准作业一旦制定完成就一成不变。(　)

A. 正确　　　　　　B. 错误

386. 超前生产、超额完成任务属于有效劳动，是值得表扬的行为。(　)

A. 正确　　　　　　B. 错误

387. 企业生产产品，生产得越多越好。(　)

A. 正确　　　　　　B. 错误

388. 5S 是一份额外附加的工作。(　)

A. 正确　　　　　　B. 错误

389. QC 小组设定目标时，应注意目标与问题相对应、目标要明确表示、制定目标要有依据。(　)

A. 正确　　　　　　B. 错误

390. 凡列入年度、月度、周生产计划的技改、大修、检验及设备日常例行巡视等应使用标准作业指导书，临时性检修宜采用作业指导书。(　)

A. 正确　　　　　　B. 错误

391. 搬运合理化的原则包括：对被搬运物几乎无损耗，搬运方法要科学、文明，杜绝野蛮粗暴，减少物品暂时放置的发生机会，尽可能做到一次到位，搬运环境安全、适可，杜绝冒险。(　)

A. 正确　　B. 错误

392. SMED 快速换模就是把换产分为内换产和外换产，精益生产就是要求尽可能地将内换产时间变为外换产时间，并缩短外换产时间。(　)

A. 正确　　B. 错误

393. 1 万件产品发生 1 件不良产品，该不良率很小，可以说是无法避免的，这种说法是站在客户的角度考虑的。(　)

A. 正确　　B. 错误

394. 采用 ABC 物料控制法时，根据库存分类管理的原则，价值越高的库存，存量应该最低。(　)

A. 正确　　B. 错误

395. 整理就是一看便知的管理。(　)

A. 正确　　B. 错误

396. 班组生产管理就是对班组生产活动进行计划、组织、指挥、协调和控制。(　)

A. 正确　　B. 错误

397. 5S 中的整理（Seiton）：将有用的物品分类定置摆放，保持

数量、质量清晰，井然有序，取放方便，进行必要的标识。杜绝乱堆乱放、产品混淆、该找的东西找不到等无序现象的出现。(　)

A. 正确　　　　B. 错误

398. 班组现场管理改善最基本的做法是通过有效的流程分析，找出班组现场的损失与浪费，并努力将其衡量出来，查找现场管理漏洞。(　)

A. 正确　　　　B. 错误

399. 在大规模定制中，低成本主要是通过规模经济实现的。(　)

A. 正确　　　　B. 错误

400. 各种生产动态信息放在电脑、文件夹中，管理人员自己清楚进度即可，不需要可视化。(　)

A. 正确　　　　B. 错误

401. 改善提案活动的两大特点：一是对自己工作的改善；二是实施完毕的改善。(　)

A. 正确　　　　B. 错误

402. 目视化管理活动推进步骤是建立组织、教育训练、制订计划、实践计划。(　)

A. 正确　　　　B. 错误

403. 提高生产效率，首先要从现有的人员中去发掘，尽可能地发挥他们的特点，激发员工的工作热情，提高工作的积极

性。( )

A. 正确 B. 错误

404. 商品物流是指将工厂的产品作为商品，送至顾客的物流。( )

A. 正确 B. 错误

405. 5S 管理是规范员工行为，不断提升员工素质，使之养成一种习惯的方法，它是整理、整顿、清扫、清洁、素养五项管理活动的简称。( )

A. 正确 B. 错误

406. 产品产量和质量是对立的、矛盾的，因此要掌握两者的平衡。( )

A. 正确 B. 错误

407. 各工位物资摆放只要在规定位置摆放即可，不需要考虑其合理性。( )

A. 正确 B. 错误

408. MSA 就是失效模式与影响分析，即潜在失效模式及后果分析。( )

A. 正确 B. 错误

409. 日常维修作业是以维修台账为基础进行点检的。( )

A. 正确 B. 错误

410. 工人的操作速度决定了生产节拍。( )

A. 正确　　　　　　B. 错误

411. QC 小组活动中，对收集到的数据进行整理、分析的过程是原因分析。(　　)

A. 正确　　　　　　B. 错误

412. 作业后的“三控”是自控、互控、他控。(　　)

A. 正确　　　　　　B. 错误

413. “十个规定动作”是对班组现场作业人员行为最基本的规范要求，能有效地规范现场员工的作业行为。(　　)

A. 正确　　　　　　B. 错误

414. 日常作业管理原则不包括不制造不良品。(　　)

A. 正确　　　　　　B. 错误

415. 推行精益生产一定要从分析价值流开始，再运用 JIT、看板、自働化等工具，否则就不叫作推行精益生产。(　　)

A. 正确　　　　　　B. 错误

416. 在必要时间，生产必要数量的必要产品，被称为标准作业。(　　)

A. 正确　　　　　　B. 错误

417. 标准化作业主要包括标准周期时间、标准作业顺序、标准在制品存量。(　　)

A. 正确　　　　　　B. 错误

418. 在标准作业过程中，管理层就是整个工作的具体操作者和实

践者。(　)

A. 正确　　B. 错误

419. 推行质量管理体系是总经理的事情，班组长及普通员工无须了解。(　)

A. 正确　　B. 错误

420. 目视化管理的基本标准是清晰化、标准化、管理化、操作化、氛围化、方便化。(　)

A. 正确　　B. 错误

421. 零缺陷的概念是被誉为全球质量管理大师、零缺陷之父和伟大的管理思想家的菲利浦·克劳斯比在 20 世纪 60 年代提出来的。(　)

A. 正确　　B. 错误

422. 全面质量管理强调始于识别顾客的需要，终于满足顾客的需要，顾客就是指外部的最终的顾客。(　)

A. 正确　　B. 错误

423. 标准作业不能正常实施的状态都可以称作异常。(　)

A. 正确　　B. 错误

424. 生产节拍是由工人的操作速度决定的。(　)

A. 正确　　B. 错误

425. 整理工作必须在定置、标识工作前完成。(　)

A. 正确　　B. 错误

426. 班组管理看板是公司班组管理统一要求的可视化工具，各单位可以设计出一套标准表单，各车间各班组只管填写数据和内容即可。(　)

A. 正确　　B. 错误

427. QC 小组的活动程序可根据小组课题的复杂程度适当地删减。(　)

A. 正确　　B. 错误

428. 服务的质量特性包括时间性和文明性。(　)

A. 正确　　B. 错误

429. 控制图是用来区分由异常原因引起的异常波动，或是由过程固有的随机原因引起的偶然波动的一种工具，用来判断过程是否稳定。(　)

A. 正确　　B. 错误

430. 生产计划是指围绕完成任务所进行的管理。(　)

A. 正确　　B. 错误

431. 组织的顾客和其他相关方对组织的产品、过程和体系的要求是随着时间不断变化的，这体现了质量的主观性。(　)

A. 正确　　B. 错误

432. 作业指导文件变更时，不仅需要更新作业文件，还需要对相应人员进行培训和记录。(　)

A. 正确　　B. 错误

433. 在具体工作中，班组长现场巡查中发现了问题要马上解决。(　)

A. 正确　　B. 错误

434. 生产经营单位应按规定对从业人员进行与其岗位相关的安全教育培训，使其具备相应的安全操作技能。(　)

A. 正确　　B. 错误

435. 标识管理是指把没用的东西贴上（报废）的单子。(　)

A. 正确　　B. 错误

436. 班组长现场管理的目的是增加价值，消除浪费。(　)

A. 正确　　B. 错误

437. 变化点管理主要是掌握操作人员的变化情况，如出勤、新人、换岗等，以减少和消除其对产品品质的影响。(　)

A. 正确　　B. 错误

438. 操作票业务指导书、现场运行检修规程、验收规程等指导书和规程均属于班组现场管理方法。(　)

A. 正确　　B. 错误

439. 只有不增加价值的活动，才是浪费。(　)

A. 正确　　B. 错误

440. 精益生产方式只适合生产制造部门，与其他部门无关。(　)

A. 正确　　B. 错误

441. 生产安排最重要的是依据生产计划，日常管理中的五大管理

对象是：人、机、料、法、环；五大管理项目是：品质、成本、交期、士气、安全。(　　)

A. 正确　　B. 错误

442. 将现场工具箱标上统一的标签，标明责任担当及储存物品，是整顿的范畴。(　　)

A. 正确　　B. 错误

443. 非增值但必要的工作是指不直接创造价值但在当前情况下必须要做的工作。(　　)

A. 正确　　B. 错误

444. “一个流”不仅适用于机械加工，也适用于产品装配的过程。(　　)

A. 正确　　B. 错误

445. 5S 管理中清洁的目的是维持前面 3S 的内容，物品摆放凌乱属于 5S 中整顿处理的内容，5S 需要全体员工的参与。(　　)

A. 正确　　B. 错误

446. 生产能力是指在方案期内，企业参与生产的全部固定资产，在既定的组织技术条件下，所能生产的产品数量，或者能够处理的原材料数量。生产能力是一个技术参数，它也可以反映企业的生产规模。(　　)

A. 正确　　B. 错误

447. 系统方法和过程方法的相同点都是以系统为基础的。(　　)

A. 正确　　　　　　　　B. 错误

448. 生产过剩、搬运、库存、时间、动作、加工、等待是常见的七大浪费。(　)

A. 正确　　　　　　　　B. 错误

449. 班组的现场安全管理，与 5S 活动的开展关系不大。(　)

A. 正确　　　　　　　　B. 错误

450. 5S 管理中，“整理”的定义是要用的东西依规定定位、定量地摆放整齐，明确地标识。(　)

A. 正确　　　　　　　　B. 错误

451. 定置管理是以物在场所的合理定置为前提，以完整的标识系统为媒介，实现物和物的高效供给。(　)

A. 正确　　　　　　　　B. 错误

452. 加强质量管理，减少不良品的产出和返工，能提高原料出产率。(　)

A. 正确　　　　　　　　B. 错误

453. 现状把握就是对问题的再次确认，需要把问题的严重程度用相关图表描述出来。(　)

A. 正确　　　　　　　　B. 错误

454. 作业工时测定是运用各种技术来确定合格工人按规定的作业标准完成某项工作所需的时间。(　)

A. 正确　　　　　　　　B. 错误

455. 操作者是作业的直接参与者，能够发现标准作业中存在的不足之处，所以，作业文件编制完成后对操作者进行培训是必要的。(　　)

A. 正确　　　　B. 错误

456. 5S 之仓库管理中遵守的原则不包括分区。(　　)

A. 正确　　　　B. 错误

457. 制造过多或过早会把“等待的浪费”隐藏起来。(　　)

A. 正确　　　　B. 错误

458. 班组质量记录要防止非授权地调用、更换，除了征得所在部门经理同意，所有任何人员都不得随意调用。(　　)

A. 正确　　　　B. 错误

459. 固有特性是指完成产品后因不同要求所增加的特性。(　　)

A. 正确　　　　B. 错误

460. 若把质量管理看作一个连续的过程，质量策划、质量控制和质量改进便构成了这一过程的最主要的三个阶段，美国质量管理专家朱兰博士称之为质量管理三部曲。(　　)

A. 正确　　　　B. 错误

461. 排列图又叫帕累托图或主次因素分析图，是由两个纵坐标、一个横坐标、几个按高低顺序依次排列的长方形和一条累计百分比折线所组成的图。(　　)

A. 正确　　　　B. 错误

462. 员工要了解质量管理的三大控制是：进料控制、过程控制、成品控制。(　　)

A. 正确　　B. 错误

463. 生产六大要素：人员、设备、材料、方法、环境、信息。(　　)

A. 正确　　B. 错误

464. 质量保证体系是指从产品生产制造开始到销售服务后的质量信息反馈为止，企业内形成的一个以保证产品质量为目标的职责和方法的管理体系。(　　)

A. 正确　　B. 错误

465. 为配合企业推进达标工作，企业还应建立有效的激励机制，鼓励先进班组和个人。(　　)

A. 正确　　B. 错误

466. 班组规范化管理中的“五按”是按程序、按路线、按时间、按标准、按当时的心情与管理对象。(　　)

A. 正确　　B. 错误

467. 关联图、系统图、PDCA 循环法、箭头图、KJ 法、矩阵图法、矩阵数据分析法是 QC 新七种工具。(　　)

A. 正确　　B. 错误

468. 现场出现各种问题时，要想彻底解决问题，应先找出问题产生的原因。(　　)

A. 正确　　　　　　　　B. 错误

469. 使用高精度设备生产，加工精度超过设计要求，是质量高的体现，不属于浪费。(　)

A. 正确　　　　　　　　B. 错误

470. 质量改进意味着质量水准的飞跃，标志着质量活动以一种螺旋式上升的方式不断提高。(　)

A. 正确　　　　　　　　B. 错误

471. 工作完毕，应将吊钩升至远离上限位置的高度，不准吊挂吊具、吊物等。(　)

A. 正确　　　　　　　　B. 错误

472. 全员生产维护（TPM）的基本理念是“通过提升员工的素质，提高设备的运作效率和品质，从根本上提升企业整体的运作效率”。(　)

A. 正确　　　　　　　　B. 错误

473. 丰田生产方式的两大支柱是看板管理和非自働化。(　)

A. 正确　　　　　　　　B. 错误

474. 好的目视化有利于标准的执行，目视化的方式方法要求站在基层员工和基层管理者的视角去进行。(　)

A. 正确　　　　　　　　B. 错误

475. 生产是班组的主要任务，它对外不发生任何经营关系，只是搞好生产工作，保证完成各项生产计划和指标。(　)

A. 正确　　　　　　　　B. 错误

476. 动作浪费不属于七大浪费。(　　)

A. 正确　　　　　　　　B. 错误

477. 现场改善应首先进行作业改善，其次是工作流程（工程）、设备改善。(　　)

A. 正确　　　　　　　　B. 错误

478. 5W1H 分析法分析的四种技巧是取消、合并、改变、简化。(　　)

A. 正确　　　　　　　　B. 错误

479. 顺引是将部品按车辆实际生产顺序排好，然后供给到生产线侧。(　　)

A. 正确　　　　　　　　B. 错误

480. 作业分析是对某项具体工序进行的分析，最小单位是操作。(　　)

A. 正确　　　　　　　　B. 错误

481. 质量管理系统包括质量保证和质量控制两大功能模块。(　　)

A. 正确　　　　　　　　B. 错误

482. 车行道、人行道上方的悬挂物应牢固可靠，当人行道上方有移动物体时，应设置警示标识，且必须采取防护措施。(　　)

A. 正确　　　　　　　　B. 错误

483. 准时生产方式用最后的装配工序来调节整个生产过程。(　　)

A. 正确　　　　　　　　B. 错误

484. 变化点控制的关键在于什么时间、由谁采取何种措施，以及如何保证措施正确有效地实施。(　　)

A. 正确　　　　　　　　B. 错误

485. 标准作业三要素是编制标准作业文件的前提，只有同时满足这三个条件的岗位才能编制完整的标准作业文件。(　　)

A. 正确　　　　　　　　B. 错误

486. 安灯报警流程用于寻求管理层的帮助，当问题很难解决时，应依据问题的严重度和频次上报。(　　)

A. 正确　　　　　　　　B. 错误

487. 工艺流程查一查是指减去多余的动作要素，使动作更快、更省。(　　)

A. 正确　　　　　　　　B. 错误

488. 作业中的追控指在事后进行分析、检查、总结、处理，为下一次循环打好基础。(　　)

A. 正确　　　　　　　　B. 错误

489. 控制图属于 QC 新七种工具之一。(　　)

A. 正确　　　　　　　　B. 错误

490. 看板是实现拉动式准时化生产的管理工具，它的功能包括产品质量检验。(　　)

A. 正确　　　　　　　　B. 错误

491. 5S 活动是杜绝浪费、提高员工素养（工作效率）的最好办法。(　)

A. 正确　　B. 错误

492. 岗位作业人员应该在考虑安全的情况下坚持质量第一。(　)

A. 正确　　B. 错误

493. 标准手持是满足生产线正常运转的、最低的在制品标准数量。(　)

A. 正确　　B. 错误

494. 产品的可靠性是指产品为了达到使用目的所具备的技术特性。(　)

A. 正确　　B. 错误

495. 指差确认就是在厂区的厂房内及厂房外，全体员工按照规定的行走路线行走，走到路口处要停止前行，并用手指向左、前、右各一次，确认无运行车辆后再通过路口。(　)

A. 正确　　B. 错误

496. 生产计划必须是拉动式生产，而生产过程则可以是推动式，这是精益生产的原则。(　)

A. 正确　　B. 错误

497. 为消除已发现的不合格或其他不期望情况的原因所采取的措施是纠正措施。(　)

A. 正确　　B. 错误

498. 5S 管理中的清洁（Seiso）：自觉地把生产、工作的责任区域、设备、工装、工位器具清扫干净，保持整洁、明快、舒畅的生产、工作环境，使工作环境及设备、仪器、工夹量具、材料等始终保持清洁的状态。（　）

A. 正确　　B. 错误

499. 生产管理是一门科学，质量管理同样也是一门科学。（　）

A. 正确　　B. 错误

500. 带领员工“均衡、高效、优质、节约、安全”地完成生产任务，是班组长的基本职责。（　）

A. 正确　　B. 错误

501. 劳动保护是指对员工在生产活动中的安全与健康所采取的保护措施。（　）

A. 正确　　B. 错误

502. 生产费用控制不属于班组作业控制。（　）

A. 正确　　B. 错误

503. 5S 素养的“三守”原则指遵守规定、遵守纪律、遵守合同。（　）

A. 正确　　B. 错误

504. 服务提供者组织里的所有人员，包括临时聘任的工作者，都是组织的代表。（　）

A. 正确　　B. 错误

505. 临时看板不属于生产指令看板。(　)

A. 正确　　B. 错误

506. 在品质改善活动中，5S 堪称最基础的管理项目。(　)

A. 正确　　B. 错误

507. 清扫要与点检、保养工作充分结合。(　)

A. 正确　　B. 错误

508. 5S 管理中的“清洁”就是在清扫的基础上把卫生搞彻底。(　)

A. 正确　　B. 错误

509. 预防措施是为消除已发生的不合格或其他潜在不期望情况的原因所采取的措施。(　)

A. 正确　　B. 错误

510. 生产作业计划与控制工作，是一个静态管理过程。(　)

A. 正确　　B. 错误

511. 精益管理将所有的停滞作为企业的浪费。(　)

A. 正确　　B. 错误

512. 班组质量管理的内容和目标为制造合格产品、低成本、高效益。(　)

A. 正确　　B. 错误

513. 物品乱摆放属于 5S 管理中的整理要处理的范围。(　)

A. 正确　　B. 错误

514. 主生产方案是确定每一个具体的产品在每一个具体的时间段的生产方案。主生产方案通常是以周为单位，详细规定生产什么、什么时段应该产出，它充分利用企业资源，协调生产与市场，实现生产方案大纲中所表达的企业经营方案目标，是连接生产与销售的纽带。(　)

A. 正确　　B. 错误

515. 班组长现场质量管理必须具备的意识有问题意识、客观意识、时间意识。(　)

A. 正确　　B. 错误

516. 质量是一组固有特性满足要求的程度，质量目标是在质量方面所追求的目的。(　)

A. 正确　　B. 错误

517. 绝大多数事故是不能够预防的。(　)

A. 正确　　B. 错误

518. 生产周期时间：员工按照规定的作业顺序操作担当工位一个作业循环所需的时间。(　)

A. 正确　　B. 错误

519. 质量是指产品或服务满足顾客需求的程度。(　)

A. 正确　　B. 错误

520. 工业开展经历了单件生产方式、大量生产方式、精益生产方式。(　)

A. 正确　　　　　　　　B. 错误

521. 现场管理三大工具是：标准化管理、目视管理、看板管理。(　)

A. 正确　　　　　　　　B. 错误

522. 班组原始记录管理包括记录、管理和统计分析三方面内容。(　)

A. 正确　　　　　　　　B. 错误

523. 顾客满意度与顾客的主观感受有关，所以应根据不同的顾客需求决定服务内容和程序。(　)

A. 正确　　　　　　　　B. 错误

524. 可修复废品指经过修理可以使用，而且修复费用在经济上合算的产品。(　)

A. 正确　　　　　　　　B. 错误

525. 加工的浪费是指不必要的精度、步骤或流程。(　)

A. 正确　　　　　　　　B. 错误

526. 在班组质量控制活动中，要找问题产生的主要原因必须用控制图。(　)

A. 正确　　　　　　　　B. 错误

527. 经营管理思路、方法和制度的改进建议，制造工艺技术的改进建议，设备的维修建议及加强思想政治工作和企业文化建设的改进建议都属于有效的合理化建议。(　)

A. 正确　　　　　　　　B. 错误

528. 系统图是把收集到的有关某一特定主题的意见、观点、想法和问题，其之间的亲近程度加以归类汇总的一种图表。(　　)

A. 正确　　　　　　　　B. 错误

529. 流水线上算一算是指提高人与机器的合作效率。(　　)

A. 正确　　　　　　　　B. 错误

530. QC 小组活动题目“提高重型载重车单班生产工艺定额”是正确的。(　　)

A. 正确　　　　　　　　B. 错误

531. 所谓生产均衡化，是指企业采购、制造以及配送的整个过程都与下序需求相符合。(　　)

A. 正确　　　　　　　　B. 错误

532. 质量检验的作用是通过严格的把关使不合格品不维修、不放行、不交付。(　　)

A. 正确　　　　　　　　B. 错误

533. 生产或工作活动中难度较大的、通过 QC 小组活动能够解决的问题才可被选为小组活动的课题。(　　)

A. 正确　　　　　　　　B. 错误

534. 标准作业中描述的作业顺序就是工艺顺序，是好的作业顺序。(　　)

A. 正确　　　　　　　　B. 错误

535. 员工岗位操作培训要依据标准作业、工艺卡进行。(　)

A. 正确　　B. 错误

536. 流动包括人员的流动、信息的流动、物料的流动。(　)

A. 正确　　B. 错误

537. 省人化是通过作业改善来减少人数，降低成本。(　)

A. 正确　　B. 错误

538. 因为处理技术问题而使班组工作不能进行下去属于等待造成的浪费。(　)

A. 正确　　B. 错误

539. 通过制定并实施现场改善方案，可以减少重复性的动作、程序、岗位等，以达到提高效率和质量，降低成本。(　)

A. 正确　　B. 错误

540. 浪费就是不产生任何附加价值的动作、方法、行为和计划等。(　)

A. 正确　　B. 错误

541. 素养的含义：人人按规定行事，养成好习惯。(　)

A. 正确　　B. 错误

542. 经过返工或返修后的产品可以直接视为合格品。(　)

A. 正确　　B. 错误

543. TPM 共同活动第一阶段的活动内容是暂定基准的制订。(　)

A. 正确　　B. 错误

544. 配电间建筑物的门应采用向内开启式。(　)

A. 正确　　B. 错误

545. 目视化管理是通过视觉影响导致人的意识发生变化的一种管理方法。(　)

A. 正确　　B. 错误

546. 流线化生产是精益生产的主要内容之一，是实现精益 JIT 的重要手段。(　)

A. 正确　　B. 错误

547. 工作现场工作人员严格执行保证安全的组织、技术措施要求。(　)

A. 正确　　B. 错误

548. QC 小组是为了某项提升或改进而成立的临时组织，活动结束后随即解散。(　)

A. 正确　　B. 错误

549. 原来用圆珠笔填写检查记录，现在改用碳素笔填写，以防止遇水字迹模糊，这也是改善。(　)

A. 正确　　B. 错误

550. 标准作业执行符合度越高，质量上的问题就一定越少。(　)

A. 正确　　B. 错误

551. 昨日生产信息是属于班前会召开前要收集和记录的信息。(　)

A. 正确　　B. 错误

552. 当生产现场出现品质问题，作为品质管理者应及时组织相关人员召开品质分析会，进行三分析：分析产品品质问题危害性、产品品质问题原因、防止再发生采取的措施。(　)

A. 正确　　B. 错误

553. 现场质量信息看板，让管理者和一线员工都主动来发现问题、关注问题，把首发问题消灭在萌芽状态，让潜在的严重问题及时引起重视。(　)

A. 正确　　B. 错误

554. 按精益生产方式，通常先进行设备改善，再进行作业改善。(　)

A. 正确　　B. 错误

555. 过于自信和疏忽大意的过失而造成重大事故发生的，由于主观上不希望发生，不是有意识的行为，不应对责任人定为重大责任事故罪。(　)

A. 正确　　B. 错误

556. 产能过剩的浪费是衍生其他浪费的源头。(　)

A. 正确　　B. 错误

557. 班组是按照产品、工艺管理的要求所划分的基本作业单元。(　)

A. 正确　　B. 错误

558. 现场的作业管理研究分析动作的改善、作业的简易化、作业时间缩短和作业标准化等。(　)

A. 正确　　　　B. 错误

559. 项目管理（MPM）是运用各种知识、技能、方法与工具，为满足或超越有关各方对项目的要求与期望所开展的各种管理活动。(　)

A. 正确　　　　B. 错误

560. 明确物料的名称及用途，分类标识并用颜色区分属于物料目视管理要点。(　)

A. 正确　　　　B. 错误

561. 质量管理目视化能够有效防止“人为失误”的产生，从而减少质量问题的发生。(　)

A. 正确　　　　B. 错误

562. QC 小组课题的来源主要有两个方面：一是指令性课题；二是小组自行选择。(　)

A. 正确　　　　B. 错误

563. 员工在生产中发现刀具破损后，提出更换新的刀具，这不属于员工改善。(　)

A. 正确　　　　B. 错误

564. 现在计划赶不上变化，所以没必要做员工工作目标的设定，因为面对各种变化时，计划形同废纸。(　)

A. 正确　　　　　　　　B. 错误

565. 区分工作场所内的物品为“要的”和“不要的”属于5S管理中的整理。(　　)

A. 正确　　　　　　　　B. 错误

566. 标准作业文件要保证时效性，避免出现标准模糊，员工不知道按哪个标准作业的情况。(　　)

A. 正确　　　　　　　　B. 错误

567. 消除不良原因是指对于不良的发生源的执行对策，只有确认消除不良原因的方法是否真的有效才能算完成。(　　)

A. 正确　　　　　　　　B. 错误

568. 班组现场管理是用科学的标准和方法对企业生产、经营、办公现场的各种要素进行合理有效的计划、组织、协调、控制和检测，使其处于良好的结合状态，以达到优质、高效、低耗、均衡、安全、文明生产的目的。由于现场管理必须通过全员参与进行管理，因此只要提升人员自身的综合素质就一定能把现场管理工作做好。(　　)

A. 正确　　　　　　　　B. 错误

569. 对效率、效益的博弈和均衡研究最早源于工业工程，它在追求效率的同时更强调系统。(　　)

A. 正确　　　　　　　　B. 错误

570. 不流出不合格品是指员工在生产加工之前，先按规定检查前

工序传递的产品是否合格，一旦发现问题则有权拒绝接收，并及时反馈到前工序。(　　)

A. 正确　　　　B. 错误

571. 全员改善指部分员工参与，积极主动地提出任何有利于改善企业经营品质的活动。(　　)

A. 正确　　　　B. 错误

572. 产品的状态分为待验、合格、首件合格、不合格、返工返修和报废六类。(　　)

A. 正确　　　　B. 错误

573. 精益管理的九项内容是：现场管理、质量管理、流程管理、设备管理、成本管理、时间管理、人员技能管理、合理化建议、班务公开。(　　)

A. 正确　　　　B. 错误

574. 一级防错就是不制造缺陷的防错，即可能制造出坏零件，后序检验可以发现坏的零件。(　　)

A. 正确　　　　B. 错误

575. 看板管理就是把希望管理的项目，通过各类管理板显示出来，让众人都知道管理状态的管理方法。(　　)

A. 正确　　　　B. 错误

576. QC 小组活动题目“控制工具领用降低重型载重车生产成本”是正确的。(　　)

A. 正确　　B. 错误

577. 标准化作业组织机构包括决策层、管理层、执行层，决策层就是整个工作的决策者和指挥者。(　)

A. 正确　　B. 错误

578. 单件流生产的优点：1. 生产周期短；2. 在制品少；3. 场地占用少；4. 灵活性大；5. 不能有质量缺陷。(　)

A. 正确　　B. 错误

579. 七大浪费之首是过量生产的浪费。(　)

A. 正确　　B. 错误

580. 现场分析和改善的目的是：使工艺路线更短、更合理；使平面布置更流畅；使流水线节拍更均匀；使动作更快、更省、更小；使搬运距离更短、时间更少；使人机配合更紧密；使生产流程实现时间和费用的优化；使生产和工作环境更舒畅和完美。(　)

A. 正确　　B. 错误

581. 问题解决型 QC 小组制定巩固措施的目的是防止问题的再发生。(　)

A. 正确　　B. 错误

582. 制定现场改善方案，可以提升班组现场管理水平。(　)

A. 正确　　B. 错误

583. “一个流”生产是指作业场地、人员、设备合理配置，使产

品在生产时，每个工序可以生产多个在制品或成品。(　)

A. 正确　　　　B. 错误

584. 5S 活动的内容包括整理、整顿、清扫、清洁、素养。(　)

A. 正确　　　　B. 错误

585. 均衡化生产的概念是生产较多批量，与顾客的实际需求量保持一致。(　)

A. 正确　　　　B. 错误

586. 三检制即首检、巡回检、完工检。首检就是指操作者和检验人员分别对首件加工出来的产品进行检验。(　)

A. 正确　　　　B. 错误

587. 散点图是以不同区分标准对所收集的数据加以整理、分类，计算出各分类项目所占的比例而按照大小顺序排列，再加上累积值的图形。(　)

A. 正确　　　　B. 错误

588. 只要制作了标准作业三票就可以不使用要领书了。(　)

A. 正确　　　　B. 错误

589. QC 小组活动题目“加强质量管理让顾客持续满意”是正确的。(　)

A. 正确　　　　B. 错误

590. 工厂定置包括生产区和生活区，生产区包括总厂、分厂（车间）、库房定置。(　)

A. 正确　　　　　　B. 错误

591. QC 小组活动的目的是提高人的素质，发挥人的积极性和创造性，改进质量，降低消耗，提高经济效益。(　)

A. 正确　　　　　　B. 错误

592. 实施阶段是推动 PDCA 循环的关键阶段。(　)

A. 正确　　　　　　B. 错误

593. 下坡时或货物高度超过阻挡视线，不可以向前缓慢行驶。(　)

A. 正确　　　　　　B. 错误

594. 班组管理看板使用要求系统管理，对于规定的内容模块，要结合本班组实际，关注薄弱环节，展示最需要管控的方面，采取彻底解决问题的措施。(　)

A. 正确　　　　　　B. 错误

595. 在任何气象条件下，固定动火区区域内的可燃气体含量在允许含量以下。(　)

A. 正确　　　　　　B. 错误

596. 生产线生产的节拍时间 = 计划生产时间 / 计划生产数量。(　)

A. 正确　　　　　　B. 错误

597. 规范化管理的对象是企业常规性日常事务。(　)

A. 正确　　　　　　B. 错误

598. 生产管理的六大目标：效率、品质、成本、交期、安全、士气。(　)

A. 正确　　B. 错误

599. 改善指为了更好地达成工作目的，而变更工作方法、手段。(　)

A. 正确　　B. 错误

600. QC 小组活动通常只会产生一个方面的成果，即“有形成果”。(　)

A. 正确　　B. 错误

601. 信号看板不属于生产指示看板。(　)

A. 正确　　B. 错误

602. 班组应该追求动态的物流平稳，而不是生产能力的平稳。(　)

A. 正确　　B. 错误

603. 精益生产的品质管理强调通过事后检验防止不合格品的产生。(　)

A. 正确　　B. 错误

604. 生产现场噪声最高不超过 115dB。(　)

A. 正确　　B. 错误

605. 出现质量问题不可怕，可怕的是没有分析，没有预防和整改措施。(　)

A. 正确　　B. 错误

606. 在多品种生产条件下，科学地组织和管理可变流水线上多个品种产品投产顺序的方法称为生产均衡化。(　)

A. 正确　　B. 错误

607. 精益生产方式的基本思想可以概括为“只在需要时，按需要的量生产所需的产品”。(　)

A. 正确　　B. 错误

608. 班组长管理具有管得宽、管得细、管得直接、管得具体等特点。(　)

A. 正确　　B. 错误

609. 标准书（卡）对检修全过程中的每个工作环节，都明确了责任人，并严格履行签字手续，从组织形式上严格控制检修质量。(　)

A. 正确　　B. 错误

610. POKA-YOKE 意为“防错 / 防呆技术”，是日本的质量管理专家、著名的丰田生产体系创建人新江滋生先生根据其现场质量改进的丰富经验创造发明的概念。(　)

A. 正确　　B. 错误

611. QC 小组活动的开展是遵循着 PDCA 循环进行的。(　)

A. 正确　　B. 错误

612. 循环时间是指作业者一个人进行标准作业时，毫不困难地、

最快地完成一个循环的实际作业时间。( )

A. 正确 B. 错误

613. 企业摆放物品的区域如果不够，要及时增盖临时仓库，保证5S 工作顺利进行。( )

A. 正确 B. 错误

614. 在现场管理中，要从第一道工序抓员工操作规范，促使员工养成规范操作习惯。( )

A. 正确 B. 错误

615. 利用标准作业组合票把人的动作和机械的动作组合，明确在节拍时间内所担当的作业范围。( )

A. 正确 B. 错误

616. QC 小组的课题一般有指导性课题、自主性课题、指令性课题。( )

A. 正确 B. 错误

617. 各类课题 QC 小组活动涉及相同管理技术的三个共同方面：①遵循 PDCA 循环；②以事实为依据，用数据说话；③应用统计方法。( )

A. 正确 B. 错误

618. 进行工序标准工时测量时，每次测量的操作起点、终点必须完全相同。( )

A. 正确 B. 错误

619. 准时化的主要思想是在需要的时间，按照需要的数量提供需要的产品。(　　)

A. 正确　　B. 错误

620. 在质量管理的三大控制中，进料控制又是过程检验。(　　)

A. 正确　　B. 错误

621. 库房的疏散用门应为平开门，并向内开启。(　　)

A. 正确　　B. 错误

622. 合理化建议的改进目标是消除工作中的一切浪费。(　　)

A. 正确　　B. 错误

623. 作业观察是班组长的事情，只要班组长周期性开展作业观察，标准作业的有效执行就有了保证。(　　)

A. 正确　　B. 错误

624. 因果图的作用是分析两个变量间的关系。(　　)

A. 正确　　B. 错误

625. 在编制作业要领书时能用图片表达的少用文字，图片要突出拍摄对象、角度合理，能直观反映出细节部位的特征或设备和操作者的作业情景。(　　)

A. 正确　　B. 错误

626. 调查表是用于收集各种数据、防止忘记而进行检查核对，只要核对一下就可以很简单地掌握情况而制作的图表。(　　)

A. 正确　　B. 错误

627. QC 小组实施改进、解决问题除运用专业技术外，还要遵循 PDCA 循环，以事实为依据，用数据说话。(   )

A. 正确　　B. 错误

628. 质量检查标准又称品标，其中不包括不良品管理要领。(   )

A. 正确　　B. 错误

629. 过量生产的浪费是指过多或过早地生产比下一个流程或客户需求多的产品。(   )

A. 正确　　B. 错误

630. 5S 不需要进行标识（引导类标识、确认类标识）。(   )

A. 正确　　B. 错误

631. 不合格品是指经检验和试验判定，产品质量特性与相关技术要求和图纸工程规范相偏离，不再符合接收准则的产品。(   )

A. 正确　　B. 错误

632. 生产过程中常见的浪费，大体可分为调机损耗浪费、等待的浪费、搬运的浪费、加工过程中的浪费、库存的浪费、动作的浪费和制造不良等浪费现象。(   )

A. 正确　　B. 错误

633. 作业观察的依据是品质标准，就是对员工的产品再次复检。(   )

A. 正确　　B. 错误

634. 操作工的“六严格”指严格进行交接班、严格进行巡回检查、严格控制工艺指标、严格执行操作票、严格遵守劳动纪律、严格执行有关安全规定。(　　)

A. 正确　　　　B. 错误

635. 管理全面化不是目视管理的特点。(　　)

A. 正确　　　　B. 错误

636. 1986 年，首本 5S 改善专著问世，日本全国掀起 5S 热潮。(　　)

A. 正确　　　　B. 错误

637. 质量策划明确了质量管理所要达到的目标以及实现这些目标的途径，是质量管理的前提和基础。(　　)

A. 正确　　　　B. 错误

638. 将需要的东西按规定位置摆放，属于 5S 管理中的整顿。(　　)

A. 正确　　　　B. 错误

639. 标准作业执行率是指遵守的作业岗位数 / 观察的作业岗位数 ×100%。(　　)

A. 正确　　　　B. 错误

640. 班组是企业最基本的生产单位，班组生产作业计划要依据企业总的生产计划进行编制。(　　)

A. 正确　　　　B. 错误

641. 5S 管理就是大扫除。(　　)

A. 正确　　B. 错误

642. 假设顾客要购买 10 辆汽车，但企业生产了 20 辆，多余的 10 辆属于制造过剩的浪费。(　　)

A. 正确　　B. 错误

643. QC 小组活动中，原因分析的过程就是对收集到的数据进行整理。(　　)

A. 正确　　B. 错误

644. 帕累托图对问题进行分层，找到问题症结，可做原因分析之用。(　　)

A. 正确　　B. 错误

645. 所有测量设备必须由授权机构定期进行校准。(　　)

A. 正确　　B. 错误

646. 标准作业组合票的主要作用就是进行员工工作量平衡。(　　)

A. 正确　　B. 错误

647. 5S 是一项持续性推进的工作，只有进行时，没有过去时和完成时，高层领导要持之以恒地重视 5S 活动。(　　)

A. 正确　　B. 错误

648. 5S 活动是一种持之以恒的项目，不能坚持的话，5S 活动则难以成功，若能脚踏实地加以改善的话，5S 活动则将逐见成效。(　　)

A. 正确　　　　　　　B. 错误

649. 班组应以精益生产为原则，围绕安全、质量、生产、本钱、人事及变化点等六大管理任务开展班组工作。(　　)

A. 正确　　　　　　　B. 错误

650. 工作质量是同产品质量直接有关的各项工作的好坏，是企业或部门的组织工作、技术工作和管理工作对保证产品质量做到的程度。(　　)

A. 正确　　　　　　　B. 错误

651. 零库存对企业是有害的。(　　)

A. 正确　　　　　　　B. 错误

652. 瓶颈资源要保持 100% 的利用，尽量增大其产出。(　　)

A. 正确　　　　　　　B. 错误

653. 现场管理当中提到的生产要素包括人、机、料、法、环、信。(　　)

A. 正确　　　　　　　B. 错误

654. 资料不可以数据、图表、文字并用。(　　)

A. 正确　　　　　　　B. 错误

655. 若超过规定的特性值要求，就会直接影响产品安全性或造成产品整机功能丧失的质量特性是重要质量特性。(　　)

A. 正确　　　　　　　B. 错误

656. 发现或产生质量的不良后，如能修理，应及时进行在线返

修，防止不良流出。(　)

A. 正确　　B. 错误

657. 节拍时间指的是生产一个零件或一个产品应该以多少时间进行生产的时间值。(　)

A. 正确　　B. 错误

658. 生产线质量指标来源于公司方针目标，对公司指标的完成提供支撑作用。(　)

A. 正确　　B. 错误

659. “拉动”一词是指上、下工序同步进行。(　)

A. 正确　　B. 错误

660. 若有多个小组工作，完工后，工作负责人应得到所有小组负责人工作结束的汇报。(　)

A. 正确　　B. 错误

661. 顾客是指组织外接受服务和使用产品的个人或团体。(　)

A. 正确　　B. 错误

662. 安灯技术是指企业用分布于车间各处的灯光和声音报警系统收集生产线上有关设备和质量等信息的信息管理工具。(　)

A. 正确　　B. 错误

663. 过程检验必须编制作业指导书。(　)

A. 正确　　B. 错误

664. 生产使用工具的更换会产生变化点。(　)

A. 正确　　　　　　　　B. 错误

665. “一个流”生产要求将生产设备按照“一字型”来排列，从入口到出口形成一个完整的“一字型”，这样就可以增加生产效率。(　)

A. 正确　　　　　　　　B. 错误

666. 节拍是根据市场销售需求量，由生产台数和运转时间决定的。(　)

A. 正确　　　　　　　　B. 错误

667. 全面质量管理就是企业组织全体员工及有关部门建立起从产品的设计试验、生产制造到售后服务等全过程的质量管理体系。(　)

A. 正确　　　　　　　　B. 错误

668. 在对物料进行控制时，库存分类管理的原则就是，价值越低的库存，存量应该越高。(　)

A. 正确　　　　　　　　B. 错误

669. 质量方针应与组织总方针相一致并为制定质量目标提供框架。(　)

A. 正确　　　　　　　　B. 错误

670. 检修作业指导书的编制既有纵向的工作严密联系性，也有横向的安全、质量的互控性，形成标准工作程序，达到规范人的行为、提高检修质量的目的。(　)

A. 正确　　　　　　　B. 错误

671. 库房购置的物品必须“三证”俱全，即合格证、出厂证、检验证。(　)

A. 正确　　　　　　　B. 错误

672. 标准化作业主要包括标准节拍、标准顺序和标准手持。(　)

A. 正确　　　　　　　B. 错误

673. IS09000 族的核心思想是说到、做到、有效、证据。(　)

A. 正确　　　　　　　B. 错误

674. 专业保全有助于设备运行的稳定性，设备出现问题时可以快速、有效地解决。(　)

A. 正确　　　　　　　B. 错误

675. 看板管理是营造现场生产活力非常有效的一种手段。(　)

A. 正确　　　　　　　B. 错误

676. 班组生产作业计划管理是指在随意的时间内，将各级部署的生产任务保质保量完成而制定的具体工作方案，是企业生产计划的最终环节。(　)

A. 正确　　　　　　　B. 错误

677. 精益品质中的作业观察和标准作业中的作业观察可以合二为一，其目的完全一致。(　)

A. 正确　　　　　　　B. 错误

678. 大量生产方式是一种“以质取胜”的生产方式。(　)

A. 正确　　　　　　　　　B. 错误

679. 通过制定和贯彻作业标准时间，促使生产者充分有效地利用工作时间，减少无效时间，最大限度地提高劳动生产率。(　)

A. 正确　　　　　　　　　B. 错误

680. C.T（Cycle Time）指完成一项任务或生产一个零件所需的时间，其计算公式为：C.T= 生产时间 ÷ 生产数量。(　)

A. 正确　　　　　　　　　B. 错误

681. 操作者应依据《强制换刀作业指导书》的要求换刀，不得提前或推迟换刀。(　)

A. 正确　　　　　　　　　B. 错误

682. 物料明细表的数据错误主要有物料重复领用和超额领用。(　)

A. 正确　　　　　　　　　B. 错误

683. 精益生产的品质目标是不产生不良品。(　)

A. 正确　　　　　　　　　B. 错误

684. 若某条生产线操作者的作业属于标准作业类型一，那么这条生产线有多少名操作者，山积表就有多少个柱形图。(　)

A. 正确　　　　　　　　　B. 错误

685. 精益生产的基本思想是杜绝浪费。(　)

A. 正确　　　　　　　　　B. 错误

686. 红牌作战指的是在工厂内找到问题点并张贴红牌，让大家都明白问题所在并积极去改善，从而达到整理、整顿的目的。（ ）

A. 正确 B. 错误

687. QC 小组组长必须由行政领导提名，不能由普通员工担任。（ ）

A. 正确 B. 错误

688. 班组的质量和绩效水平是班组自己评价的。（ ）

A. 正确 B. 错误

689. 客户的需要属于零缺陷管理的需要。（ ）

A. 正确 B. 错误

690. 在描述数据集中程度的特征值中，均值是其中的一个，如果样本的均值有少许提高，则表明总体均值不变。（ ）

A. 正确 B. 错误

691. 变化点管理不包括设备出现故障维修后的工作内容。（ ）

A. 正确 B. 错误

692. 尽管是增加价值的活动，所用的资源超过了“绝对最少”的界限，也属于浪费。（ ）

A. 正确 B. 错误

693. 尽量让生产与市场需求一致是生产柔性化的目的。（ ）

A. 正确 B. 错误

694. 作业文件应包含作业风险分析及控制措施的内容，并与本单位作业风险库中的相关风险与举措相对应。现场应根据作业内容在作业过程中使用和执行与实际作业相符的作业文件。(　)

A. 正确　　B. 错误

695. T.T 指产品生产节拍；C.T 指产品的生产循环时间。(　)

A. 正确　　B. 错误

696. 对待有缺陷产品的“三不”政策是：不接受、不制造、不传递。(　)

A. 正确　　B. 错误

697. 控制图是生产现场较常用并且有效的一种图表，用它就能提高产品的合格率。(　)

A. 正确　　B. 错误

698. 安全储备的负荷越大，平均存货的数量越大。(　)

A. 正确　　B. 错误

699. QC 小组活动题目“提高复转兵文化补习合格率”是正确的。(　)

A. 正确　　B. 错误

700. 参加 QC 小组的人员不是所有企业员工，而是高层领导和一般管理者。(　)

A. 正确　　B. 错误

701. 生产作业人员或责任者每日应认真执行逐一点检工作，主管人员要做不定期的复查。(　)

A. 正确　　B. 错误

702. 现场管理就是用科学的管理思想、方法、手段对各种生产要素如人、机、料、法、环境等进行合理配置和优化组合。(　)

A. 正确　　B. 错误

703. 只要经过秒表统计就可以获得真实的生产节拍。(　)

A. 正确　　B. 错误

704. “三不”原则中，不制造不合格品是指操作者或者质检人员发现不合格品后，立即暂停本道工序的生产，以防不合格品被输送到下道工序。(　)

A. 正确　　B. 错误

705. 生产节拍是柔性可变的，在市场需求发生变化时，生产节拍将随即发生相应的变化。(　)

A. 正确　　B. 错误

706. 日作业计划需要细分到工序，并且有明确的时间要求、人员配备要求。(　)

A. 正确　　B. 错误

707. 对于产品来说，通常其质量特性包括性能、寿命、可靠性、安全性、经济性。(　)

A. 正确　　B. 错误

708. 长期坚持 5S 活动，产生的经济效益是显而易见的，必须推动全员参与，才能更容易看到效果。(　)

A. 正确　　B. 错误

709. 在物料状态看板中，不合格品分为加工不合格品和材料不合格品，根据不合格品原因的不同分别在相应的方框中做出标识。(　)

A. 正确　　B. 错误

710. 目视管理看一看是指使管理和问题一目了然。(　)

A. 正确　　B. 错误

711. 三级巡检的三个层次是：工厂级、车间级、班组级。(　)

A. 正确　　B. 错误

712. 一个企业劳务派遣用工使用量不能超过企业用工总量的10%。(　)

A. 正确　　B. 错误

713. 首件是指每个生产班次加工的第一个工件，或因换人、换料、换工装、设备调整等加工的第一个工件，有些产品首件可以规定为开始的头几件。(　)

A. 正确　　B. 错误

714. QC 老七大工具有分层法、调查表、排列法、因果图、直方图、控制图和相关图。(　)

A. 正确　　　　B. 错误

715. 生产准备是指对产品生产的计划任务的分配工作。(　)

A. 正确　　　　B. 错误

716. 提高质量就意味着增加成本。(　)

A. 正确　　　　B. 错误

717. 质量控制是质量管理的一部分，致力于满足质量要求。(　)

A. 正确　　　　B. 错误

718. 考虑到检验成本和批量大小，进行抽样检验比全检更合理。(　)

A. 正确　　　　B. 错误

719. 原因分析超过四层，除了可以使用因果图，还可以使用排列图。(　)

A. 正确　　　　B. 错误

720. 5S 管理必须实现常态化管理，它是企业所有管理的基础。(　)

A. 正确　　　　B. 错误

721. 质量“三检制”是班组质量管理中经常采用的检验制度。(　)

A. 正确　　　　B. 错误

722. 精益生产方式的最终目标是利润最大化。(　)

A. 正确　　　　B. 错误

723. 班组生产管理的目的就是根据客户需求，高效地、准时地为客户提供低成本、高质量的合格产品。(　)

A. 正确　　B. 错误

724. 滑移料架是货物能自行下滑，保证先进先出的零件货架。(　)

A. 正确　　B. 错误

725. 生产工艺优化中 ECRS 分析法中，其中“合并”不仅包括对工序或者工作的合并，而且还包括对工具的合并。(　)

A. 正确　　B. 错误

726. 改善提案活动是指公司通过一定制度化的奖励措施，引导和鼓励员工积极主动地提出并实施设备改良、工装夹具改良、质量改善、生产效率提高成本降低、作业方法改进等现场管理改善方面的有利于改善公司经营活动的发明创造、改进意见等活动。(　)

A. 正确　　B. 错误

727. 5S 活动就是定期对班组工作场所进行 5S 检查评比。(　)

A. 正确　　B. 错误

728. 防止安全管理的措施、方法、手段只有在班组真正发挥作用时，才能有效地避免事故和伤害的发生。(　)

A. 正确　　B. 错误

729. 生产提前期是指一件原料从进入企业到所生产产品最后交付

客户所经历的时间，也就是产品从本钱转变为利润所需要的时间。(　)

A. 正确　　B. 错误

730. 一般来说，一台机器由标准件和非标件组成。(　)

A. 正确　　B. 错误

731. 让步使用是对不合格产品采取的一种措施，使其在不能满足规定要求的情况下，尚可满足使用要求。(　)

A. 正确　　B. 错误

732. QC 的七大手法包括鱼刺图、散布图、因果图、直方图、控制图、检查表、分层法。(　)

A. 正确　　B. 错误

733. 企业多做产品能提高效率，提前做好能减少产能损失。(　)

A. 正确　　B. 错误

734. 对策实施计划表是问题解决的关键点，必须按照 5W1H 的原则进行确定。(　)

A. 正确　　B. 错误

735. 做正确的工作就是要求员工遵守标准作业。(　)

A. 正确　　B. 错误

736. 浪费指不创造价值而且完全不必要的工作，应该被消除。(　)

A. 正确　　B. 错误

737. 经济批量指在保证生产或销售需要的前提下，从消耗成本最小这一目标出发所确定的每批材料采购数量或产品投产数量。在确定材料采购或产品投产批量时，既要考虑材料采购费用或产品投产生产准备费用，又要考虑材料、产品保管费用。(　　)

A. 正确　　　　B. 错误

738. 编制指导书的指导思想：规范检修过程中人的行为和安全控制措施，从而提高检修质量，确保检修全过程的安全和质量处于可控、在控状态。(　　)

A. 正确　　　　B. 错误

739. 返工、返修后的产品不需要检验。(　　)

A. 正确　　　　B. 错误

740. 现场作业计划的五大目标分别是提升品质、降低成本、确保交货期、确保人身安全、提高士气。(　　)

A. 正确　　　　B. 错误

741. 生产过程控制程序一般包含作业文件、作业指导书、生产计划及组织、检验控制等内容。(　　)

A. 正确　　　　B. 错误

742. 节拍是根据市场销售需求量，由生产台数和运转时间决定的。(　　)

A. 正确　　　　B. 错误

743. 假如服务过程终止了，产品也随之完成，那么服务产品是无法返工的，只能善后处理。(　　)

A. 正确　　B. 错误

744. 作业顺序指的是作业者能最有效率地生产合格品的、可重复的作业顺序。(　　)

A. 正确　　B. 错误

745. PDCA 质量管理循环是质量管理活动规律的科学总结，是开展质量管理活动的科学程序，也是一种科学管理的工作方法。(　　)

A. 正确　　B. 错误

参考答案

单项选择题

1. D	2. B	3. D	4. B	5. D
6. A	7. B	8. C	9. C	10. A
11. C	12. C	13. B	14. A	15. D
16. D	17. A	18. D	19. D	20. A
21. A	22. C	23. B	24. B	25. B
26. D	27. A	28. C	29. A	30. C
31. D	32. D	33. C	34. D	35. A
36. C	37. D	38. C	39. D	40. C
41. C	42. D	43. D	44. B	45. C
46. B	47. B	48. A	49. D	50. B
51. A	52. D	53. B	54. C	55. C
56. C	57. A	58. C	59. A	60. B
61. C	62. B	63. A	64. A	65. B
66. B	67. A	68. B	69. C	70. B
71. D	72. D	73. C	74. D	75. C
76. C	77. B	78. B	79. D	80. A
81. B	82. D	83. C	84. B	85. D
86. C	87. A	88. C	89. A	90. B

91. A	92. D	93. A	94. D	95. A
96. A	97. B	98. A	99. D	100. C
101. C	102. C	103. D	104. A	105. B
106. C	107. A	108. D	109. A	110. A
111. D	112. C	113. B	114. B	115. C
116. D	117. C	118. C	119. C	120. A
121. B	122. A	123. B	124. D	125. A
126. A	127. A	128. B	129. C	130. C
131. D	132. A	133. C	134. A	135. B
136. C	137. D	138. A	139. C	140. B
141. B	142. C	143. D	144. A	145. B
146. D	147. D	148. C	149. A	150. C
151. D	152. A	153. B	154. D	155. B
156. A	157. B	158. C	159. C	160. A
161. A	162. B	163. A	164. D	165. D
166. D	167. A	168. B	169. B	170. C
171. C	172. A	173. C	174. A	175. A
176. A	177. A	178. A	179. D	180. A
181. B	182. D	183. A	184. B	185. C
186. D	187. B	188. C	189. B	190. D
191. A	192. B	193. A	194. B	195. C

196. A	197. C	198. C	199. B	200. D
201. C	202. D	203. A	204. B	205. B
206. D	207. B	208. A	209. A	210. B
211. D	212. C	213. C	214. D	215. C
216. D	217. A	218. B	219. D	220. C
221. B	222. C	223. C	224. C	225. A
226. C	227. A	228. B	229. D	230. B
231. D	232. B	233. C	234. C	235. A
236. B	237. A	238. B	239. D	240. B
241. B	242. C	243. B	244. A	245. A
246. A	247. B	248. A	249. D	250. B
251. B	252. D	253. B	254. B	255. D
256. A	257. C	258. B	259. A	260. A
261. D	262. B	263. A	264. C	265. C
266. A	267. B	268. A	269. B	270. C
271. B	272. A	273. A	274. B	275. A
276. A	277. D	278. C	279. C	280. D
281. B	282. A	283. A	284. A	285. B
286. B	287. D	288. D	289. B	290. C
291. D	292. D	293. B	294. A	295. A
296. C	297. B	298. A	299. B	300. A

301. B	302. C	303. A	304. D	305. A
306. C	307. A	308. A	309. C	310. D
311. B	312. A	313. D	314. A	315. C
316. C	317. C	318. C	319. B	320. A
321. D	322. A	323. A	324. C	325. D
326. A	327. D	328. C	329. D	330. B
331. C	332. C	333. B	334. A	335. C
336. D	337. B	338. D	339. B	340. B
341. D	342. A	343. D	344. C	345. A
346. A	347. A	348. B	349. A	350. B
351. A	352. C	353. C	354. C	355. A
356. C	357. D	358. C	359. C	360. A
361. B	362. C	363. B	364. B	365. D
366. D	367. B	368. A	369. B	370. D
371. A	372. C	373. A	374. A	375. A
376. B	377. D	378. B	379. D	380. B
381. B	382. A	383. B	384. A	385. A
386. C	387. C	388. A	389. D	390. C
391. B	392. B	393. C	394. C	395. D
396. B	397. C	398. B	399. B	400. C
401. D	402. D	403. D	404. C	405. D

406. C	407. B	408. C	409. B	410. C
411. B	412. C	413. D	414. C	415. B
416. B	417. A	418. D	419. B	420. D
421. C	422. A	423. D	424. C	425. A
426. B	427. A	428. C	429. B	430. C
431. C	432. B	433. D	434. D	435. B
436. C	437. A	438. C	439. D	440. B
441. B	442. D	443. C	444. A	445. C
446. D	447. A	448. C	449. C	450. A
451. A	452. D	453. A	454. C	455. C
456. D	457. D	458. D	459. B	460. D
461. D	462. C	463. C	464. C	465. D
466. B	467. C	468. C	469. B	470. D
471. A	472. C			

多项选择题

1. BC	2. AB	3. ABCDE	4. AB
5. ABC	6. ABD	7. ABCD	8. AC
9. ABCDE	10. ABCD	11. ABCD	12. ABCD

13. ABC	14. ABC	15. AB	16. ACD
17. ABCDE	18. AB	19. BCD	20. ABD
21. AB	22. AD	23. BC	24. AB
25. ACD	26. BC	27. ABC	28. ACD
29. ABC	30. ABCD	31. ABDE	32. ABCD
33. ACE	34. ABCD	35. BDEF	36. BCDE
37. ADE	38. BCD	39. ABCD	40. ABCD
41. ABCD	42. AB	43. ABCD	44. ABCD
45. ABCD	46. ABCD	47. BCD	48. ACD
49. ABCD	50. ABC	51. BCD	52. ABC
53. ABCD	54. ABD	55. ABCD	56. ABCD
57. ACEF	58. ABCD	59. AB	60. AD
61. ABC	62. ABC	63. ABC	64. ABCD
65. ABD	66. CD	67. ABCD	68. ABC
69. ABCD	70. ABCD	71. ABCDEF	72. ABD
73. ABC	74. ACD	75. ABC	76. ACD
77. ABC	78. ABC	79. ABC	80. ABC
81. AC	82. ACDE	83. ABCDE	84. AEF
85. ABD	86. ACD	87. ABC	88. ABD
89. ABCD	90. BC	91. ABC	92. ACDE
93. BCE	94. ACD	95. BD	96. ABC

97. ABCDE	98. ABC	99. ACD	100. ABCD
101. ABD	102. ABCD	103. ACD	104. ABCD
105. ABD	106. ABCD	107. ACD	108. ABD
109. AB	110. AB	111. BC	112. ABCD
113. ABC	114. AB	115. BCD	116. ABCD
117. CD	118. ABCD	119. ABCD	120. AB
121. ABCDEF	122. AD	123. BC	124. ABC
125. ACD	126. ABCDE	127. ABCD	128. ABCD
129. BDE	130. ABCD	131. ABCD	132. ABD
133. ABC	134. AB	135. ABCD	136. ABC
137. AB	138. ABDEF	139. AB	140. BCD
141. ABC	142. ABCD	143. ABCD	144. ABCD
145. ABC	146. ABC	147. ACD	148. ABC
149. ABCD	150. ABCDEF	151. ABC	152. BC
153. ABCD	154. ABDE	155. ACD	156. ABD
157. AD	158. AB	159. ABC	160. ABCD
161. AB	162. ABC	163. ABCD	164. ABC
165. ABCD	166. ABCD	167. BCD	168. ABCD
169. ABDEF	170. ABCD	171. ABD	172. AB
173. ABCDE	174. ABCD	175. ACD	176. ABC
177. ABCD	178. ABCD	179. ADE	180. BCD

181. ABC	182. ABCD	183. ABCD	184. ABCD
185. ABC	186. ABCD	187. ABD	188. ABCD
189. ABCD	190. BCD	191. ABC	192. ABC
193. ACD	194. ABCD	195. ABCD	196. ACD
197. ABCD	198. ABC	199. BD	200. AB
201. ACD	202. ABDE	203. ABCD	204. ABC
205. ABCD	206. ABCD	207. AC	208. ABC
209. ABCD	210. ABC	211. ABCD	212. ABCDE
213. ABC	214. ABD	215. ABCD	216. ABE
217. ABCD	218. ABC	219. AB	220. AC
221. ABCD	222. ABCDE	223. ABDEF	224. AC
225. ABD	226. ABCD	227. BCD	228. ABC
229. ABD	230. ABCDE	231. ABCD	232. ABCD
233. AB	234. ABDE	235. BD	236. ABCD
237. ABC	238. AC	239. ABCD	240. ABD
241. BC	242. ACD	243. ABC	244. AB
245. ABCDE	246. ABCD	247. ACD	248. ABC
249. ABD	250. ABCD	251. CDE	252. ABCD
253. ABC	254. ABCD	255. ABD	256. ABCD
257. ABC	258. ABCD	259. AC	260. ABCD
261. BD	262. ABD	263. ABC	264. ABCD

265. AC	266. ABCD	267. ABCD	268. ABCD
269. ABCD	270. ABC	271. AD	272. ABCD
273. ABCDE	274. DEF	275. BCD	276. ABCD
277. ABCD	278. ABCD	279. ABD	

判断题

1. A	2. A	3. B	4. A	5. A
6. B	7. B	8. A	9. A	10. B
11. B	12. A	13. A	14. B	15. A
16. A	17. A	18. B	19. B	20. B
21. B	22. A	23. B	24. B	25. A
26. B	27. A	28. B	29. B	30. A
31. A	32. B	33. B	34. A	35. A
36. B	37. A	38. A	39. A	40. A
41. B	42. B	43. A	44. B	45. B
46. A	47. A	48. A	49. A	50. A
51. A	52. A	53. A	54. B	55. B
56. A	57. B	58. A	59. A	60. A
61. B	62. A	63. A	64. A	65. A

66. B	67. A	68. B	69. B	70. A
71. B	72. B	73. B	74. A	75. B
76. A	77. A	78. B	79. B	80. A
81. A	82. A	83. A	84. A	85. A
86. A	87. B	88. A	89. B	90. B
91. B	92. B	93. B	94. A	95. A
96. A	97. B	98. B	99. A	100. A
101. A	102. B	103. A	104. A	105. A
106. A	107. B	108. A	109. B	110. A
111. A	112. B	113. B	114. B	115. B
116. B	117. A	118. B	119. A	120. B
121. A	122. A	123. A	124. B	125. B
126. B	127. A	128. B	129. B	130. A
131. B	132. A	133. B	134. B	135. A
136. B	137. A	138. A	139. A	140. A
141. A	142. B	143. A	144. A	145. A
146. B	147. B	148. A	149. B	150. A
151. A	152. B	153. B	154. A	155. A
156. A	157. A	158. A	159. A	160. A
161. B	162. A	163. A	164. A	165. A
166. A	167. B	168. B	169. A	170. A

171. A	172. A	173. B	174. A	175. A
176. B	177. A	178. B	179. A	180. B
181. A	182. B	183. B	184. A	185. B
186. A	187. B	188. B	189. A	190. B
191. B	192. B	193. A	194. B	195. A
196. B	197. A	198. B	199. B	200. A
201. B	202. A	203. A	204. A	205. A
206. A	207. A	208. A	209. B	210. B
211. B	212. B	213. A	214. A	215. B
216. B	217. A	218. B	219. A	220. A
221. A	222. A	223. A	224. A	225. A
226. B	227. A	228. B	229. B	230. B
231. A	232. A	233. A	234. A	235. A
236. B	237. A	238. A	239. A	240. A
241. B	242. B	243. B	244. A	245. A
246. A	247. A	248. A	249. B	250. B
251. B	252. A	253. A	254. B	255. B
256. A	257. A	258. A	259. B	260. B
261. A	262. A	263. B	264. A	265. A
266. A	267. B	268. A	269. A	270. A
271. B	272. B	273. B	274. B	275. A

276. A	277. A	278. A	279. B	280. A
281. B	282. A	283. A	284. B	285. A
286. B	287. A	288. A	289. B	290. B
291. B	292. B	293. A	294. B	295. B
296. A	297. A	298. A	299. A	300. B
301. A	302. B	303. A	304. A	305. A
306. B	307. A	308. B	309. B	310. A
311. A	312. A	313. A	314. A	315. B
316. B	317. B	318. A	319. A	320. A
321. A	322. B	323. A	324. B	325. B
326. A	327. A	328. A	329. B	330. A
331. B	332. A	333. B	334. A	335. A
336. B	337. A	338. B	339. A	340. A
341. B	342. B	343. B	344. B	345. A
346. A	347. B	348. A	349. A	350. B
351. A	352. B	353. A	354. A	355. B
356. A	357. B	358. A	359. B	360. B
361. A	362. A	363. A	364. B	365. B
366. B	367. A	368. A	369. A	370. B
371. A	372. A	373. A	374. A	375. A
376. B	377. A	378. B	379. A	380. A

381. A	382. A	383. B	384. B	385. B
386. B	387. B	388. B	389. A	390. A
391. A	392. A	393. B	394. A	395. B
396. A	397. A	398. A	399. B	400. B
401. A	402. A	403. A	404. A	405. A
406. B	407. B	408. B	409. A	410. B
411. B	412. B	413. A	414. B	415. B
416. B	417. B	418. B	419. B	420. A
421. A	422. B	423. A	424. B	425. A
426. B	427. B	428. A	429. A	430. B
431. B	432. A	433. A	434. A	435. B
436. A	437. B	438. A	439. B	440. B
441. A	442. A	443. A	444. A	445. A
446. A	447. B	448. B	449. B	450. B
451. B	452. A	453. B	454. A	455. A
456. B	457. A	458. B	459. B	460. A
461. A	462. A	463. A	464. B	465. A
466. B	467. B	468. A	469. B	470. A
471. B	472. A	473. B	474. B	475. B
476. B	477. A	478. A	479. A	480. A
481. A	482. A	483. A	484. A	485. A

486. A	487. B	488. B	489. B	490. B
491. B	492. B	493. A	494. B	495. A
496. B	497. A	498. A	499. A	500. A
501. A	502. A	503. B	504. A	505. A
506. A	507. A	508. B	509. B	510. B
511. A	512. B	513. B	514. A	515. A
516. A	517. B	518. A	519. B	520. A
521. A	522. A	523. A	524. A	525. A
526. B	527. B	528. B	529. B	530. A
531. B	532. B	533. A	534. B	535. A
536. A	537. A	538. A	539. A	540. A
541. A	542. B	543. B	544. B	545. A
546. A	547. A	548. B	549. A	550. B
551. A	552. A	553. A	554. B	555. B
556. B	557. A	558. A	559. A	560. A
561. A	562. B	563. A	564. B	565. A
566. A	567. A	568. B	569. A	570. B
571. B	572. A	573. A	574. B	575. A
576. B	577. B	578. B	579. A	580. A
581. A	582. A	583. B	584. A	585. B
586. B	587. B	588. B	589. B	590. A

591. A	592. B	593. A	594. A	595. A
596. A	597. A	598. A	599. A	600. B
601. B	602. A	603. B	604. A	605. A
606. A	607. A	608. A	609. A	610. A
611. A	612. A	613. B	614. B	615. A
616. A	617. A	618. A	619. A	620. B
621. B	622. A	623. B	624. B	625. A
626. A	627. A	628. B	629. A	630. B
631. A	632. A	633. B	634. A	635. A
636. A	637. A	638. A	639. A	640. A
641. B	642. A	643. B	644. B	645. B
646. B	647. A	648. A	649. A	650. A
651. B	652. A	653. A	654. B	655. B
656. A	657. A	658. A	659. B	660. A
661. A	662. A	663. B	664. A	665. B
666. A	667. B	668. B	669. A	670. A
671. A	672. A	673. A	674. A	675. A
676. B	677. B	678. B	679. A	680. A
681. B	682. A	683. A	684. B	685. A
686. A	687. B	688. B	689. A	690. B
691. B	692. A	693. A	694. A	695. A

696. A	697. B	698. A	699. A	700. B
701. A	702. A	703. B	704. B	705. A
706. A	707. A	708. A	709. A	710. A
711. A	712. A	713. A	714. A	715. B
716. B	717. A	718. A	719. B	720. A
721. A	722. A	723. A	724. A	725. A
726. A	727. B	728. A	729. A	730. A
731. A	732. A	733. B	734. A	735. B
736. A	737. A	738. A	739. B	740. A
741. A	742. A	743. A	744. A	745. A